商业新闻出版公司和轻松读文化事业有限公司提供内容支持

成功之不二法门

轻松读大师项目部　编

中国盲文出版社

图书在版编目（CIP）数据

成功之不二法门：大字版/轻松读大师项目部编．—北京：中国盲文出版社，2017．4

ISBN 978－7－5002－7862－7

Ⅰ．①成…　Ⅱ．①轻…　Ⅲ．①企业管理　Ⅳ．①F272

中国版本图书馆 CIP 数据核字（2017）第 083479 号

本书由轻松读文化事业有限公司授权出版

成功之不二法门

编　　者：轻松读大师项目部
出版发行：中国盲文出版社
社　　址：北京市西城区太平街甲 6 号
邮政编码：100050
印　　刷：北京汇林印务有限公司
经　　销：新华书店
开　　本：787×1092　1/16
字　　数：77 千字
印　　张：12．75
版　　次：2017 年 4 月第 1 版　2017 年 7 月第 1 次印刷
书　　号：ISBN 978－7－5002－7862－7/F·144
定　　价：43．00 元
销售热线：（010）83190289　83190292　83190297

出版前言

数字文明为我们求知问道、拓展格局带来空前便利，同时也使我们深受信息过剩、知识爆炸的困扰。面对海量信息，闭目塞听、望洋兴叹固非良策，不分主次、照单全收更无可能。时代快速变化，竞争不断升级，要想克服本领恐慌，防止无知而盲、少知而迷，需尽可能将主流社会的最新智力成果内化于心、外化于行，如此才能更好地顺应时代，提高成功概率。为使读者精准快速地把握分散在万千书卷中的新理念、新策略、新创意、新方法，我们组织编写了这套《好书精读丛书》。

这套书旨在帮助读者提高阅读质量和效率。我们依托海内外相关知识服务机构十多年的持续积累，博观约取，从经济管理、创业创新、投资理财、营销创意、人际沟通、名企分析等方面选取数百种与时俱进又经世致用的好书分类整合，凝练出版。它们或传播现代经管新知，或讲授实用营销技巧，或聚焦创新创业，或分析成功者要素组合，真知云集，灼见荟萃。期待这些凝聚着当代经济社会管理创新创意亮点的好书，能为提升您的学识见解和能力建设提供优质有效便捷的阅读资源。

聚焦对最新知识的深度加工和闪光点提炼是这套书的突出特点。每本书集中解读 4 种主题相关的代表性好书，以“要点整理”“5 分钟摘要”“主题看板”“关键词解读”“轻松读大师”等栏目精炼呈现各书核心观点，崇真尚实，化繁为简，您可利用各种碎片化时间在赏心悦目中取其精髓。常读常新，明辨笃行，您一定会悟得更深更透，做得更好更快。

好书不厌百回读，熟读深思子自知。作为精准知识服务的一次尝试，我们期待能帮您开启高效率的阅读。让我们一起成长和超越！

目 录

你的顾客认为你是真心诚意还是虚假造作？当商业界变得愈来愈以体验为导向时，这个问题也随之成为焦点。世界看来愈是矫揉造作，我们往往就愈渴望令人感到真实的东西，愈加厌恶我们认为虚假的东西。要在体验经济繁荣发展的未来环境中成功，就要满足顾客对真诚的需求，这样也才能抓住他们的情感、理智和钱包。

信任是商业运转的润滑剂。一旦有了信任，你在掌握最大可能性的同时，也能把风险降到最低，问题也就更容易迎刃而解。然而问题是，在这么尔虞我诈的世界里，我们究竟应该怎么做，才能运用高度信任的模式来取得更好的效益？这个问题的答案，就是“聪明信任法”。

协同合作的概念人人都爱，可是很多人有时却会弄不清目标。合作的目标并不只是打破门户之见，让大家携手共事而已。这样的目标当然很好，可是合作必须要能缔造成果，才会有价值，而且合作还必须要严谨、有实效。严谨的合作会强化个别成员所能达成的成果，而合作不力则会比根本不合作还糟糕。

你的职业生涯以及个人生涯，随时都会受谈判协商结果的影响。其实大部分人每天在工作时，都会耗费大半的时间在各种谈判上，因此学会如何成功谈判，达到双赢，无疑是明智之举。当谈判双方以较低的代价换得各自极度重视的成果时，这就是所谓的“双赢”。

真诚的生意经

Authenticity

What Consumers Really Want

原著作者简介

詹姆斯·H. 吉尔摩（James H. Gilmore），毕业于美国宾州大学沃顿商学院，曾任职于宝洁，并曾在CSC顾问公司担任流程创新实务部门主管，与约瑟夫·派恩共同创办“策略地平线”顾问公司，协助企业构思和规划新方法来增加其商品的价值。吉尔摩与派恩合著有《一人一市场》和《体验经济时代》。

B. 约瑟夫·派恩（B. Joseph Pine II），毕业于美国麻省理工学院斯隆商学院，曾任职于IBM，并曾在美国宾州州立大学、加州大学洛杉矶分校、明尼苏达大学等校任教，同时是位经验丰富的演说家。著有《大众化定制》。

本文编译：王约

主要内容

真诚

希尔顿酒店的创始人康拉德·希尔顿曾经说过："如果我的旅馆只有一流的设备，而没有一流服务员的微笑，那就像一家永不见温暖阳光的旅馆，又有何情趣可言呢?"顾客花钱购买商品，除了商品本身，还希望得到另一种不花钱的额外服务，那就是企业的真诚，也就是企业对消费者发自内心的尊重。

以一流服务著称的美国西南航空，鼓励员工发挥个人特质，机长或空乘可以自行决定机上广播的内容，可以说笑话、唱歌，带给乘客欢乐。西南航空有一项著名的"集体面试"活动。每位求职者都得做5分钟的自我介绍，但西南航空观察的重点不是在台上作报告的人，而是台下的听众，有的人专心聆听，适时为别人鼓掌喝彩；也有人心不在焉，只顾着准备自己的讲稿。最后会被录用的当然是前者。西南航空的理由是：“如果对身边的人都漠不关心，又怎么会真诚地对待乘客？”

《佐贺报》是日本的一家地方性报纸，历经110年还能持续经营，靠的就是处处为订户着想的真心实意。佐贺北临日本海，南接太平洋，是典型的海洋性气候，经常会下雨的天气对报纸的派送造成很大的困难。《佐贺报》的董事长说：“每逢下雨天便让人收到湿漉漉的报纸实在说不过去。”所以只要下雨，《佐贺报》的读者都会收到一份用塑料袋包好的报纸。这份对读者的真诚关心，就是《佐贺报》历经百年而不倒的经营秘诀之一。

营造场所体验

要提升公司的真诚感，最理想的方法就是以“营造场所”来取代广告营销。让消费者实际体验商品，可以给他们带来更多元丰富的体验，留下回忆，当顾客的情感融入商品时，便能获得整体的绝佳享受。就好像迪士尼乐园贩卖的不只是表演和游乐设施，同时也是一辈子欢乐的回忆。

B & Q 特力屋也不只是卖零件、建材，而是打造梦想及美丽家园。B & Q 的成功，在于它所提出的“家的梦想，一点一滴在手里成真”的 DIY 主张，深获消费者的认同。B & Q 从卖场陈列到现场人员示范商品，都是为了营造出消费者自己就能完成居家修缮、美化家庭的梦想。

来自美国的酷圣石冰淇淋，以“创造欢乐体验的冰淇淋专家”作为其品牌精神。除了标榜定制化的“炒冰”服务，酷圣石的门市工作人员还会随兴地唱歌，在收到小费时，用唱歌的方式来感谢顾客。酷圣石在甄选员工时不考智力及其他笔试，考的却是唱歌与跳舞的技能，希望员工能为每一位顾客带来欢乐体验。无论是唱歌还是其他表演，酷圣石不只让顾客笑一笑，而是要为顾客带来内心深层的快乐！以营造场所提供一套专属的服务，可以让每位消费者在购物的过程中，都感受到自己与品牌本身的与众不同。

真诚的重要性

你的顾客认为你是真心诚意还是虚假造作?

当商业界变得愈来愈以体验为导向时，这个问题也随之成为焦点，重要性更与日俱增。事实上，现今体验经济的吊诡之处在于，世界看来愈是矫揉造作，我们往往就愈渴望令人感到真实的东西，愈加厌恶我们认为虚假的东西。身为消费者的我们，都希望买到令自己觉得难忘、真诚又有吸引力的产品、服务和体验。

要在体验经济繁荣发展的未来环境中成功，就要满足顾客对真诚的需求，这样也才能抓住他们的情感、理智和钱包。

关键思维

真诚将逐渐变成消费者用来审视企业的放

大镜。

——派恩

有了商品和服务还不够，消费者现在要的是体验，也就是能够打动他们内心、让他们难以忘怀的事。随着付费体验的普及，消费者在决定什么时候、什么地点，去花费他们的金钱和时间（也可以说是体验货币）时，其讲究的程度和他们挑选该买什么、用什么方式买（商品和服务的条件）比起来，已经有过之而无不及。可是，在刻意营造的哗众取宠的体验日益泛滥的环境（日益虚假的环境）中，消费者选择买或不买，就看他们认为你的商品有多实在。因此，今日的商业要的就是真实、原创、实在、真心和真诚。

——吉尔摩　派恩

一　商业的新要务

真诚是新兴的消费者需求。愈来愈多消费者要求实在的产品和服务，不要虚假和欺骗。他们分辨出真诚商品的能力确实愈来愈好，所以你最好要对此加以因应。

在过去，大多数消费者只关心他们想买的商品供应是否充足。随着愈来愈多供应商涌入市场，消费者开始关心如何买到最廉价的商品。当供应链的状况达到最完善之后，消费者又把注意力转移到品质上。

然而，今日的消费者会理所当然地认为每样商品都能供应充足，而且品质都能达到令人满意的水平，价格也合理。因此，消费者现在购买与否的根据，在于商品是否符合他们个人的形象。换句话说，今天的消费者想要购买的，是他们敬重的企业所提供的真诚商品，而不是油腔滑调的家伙供应的虚假东西。

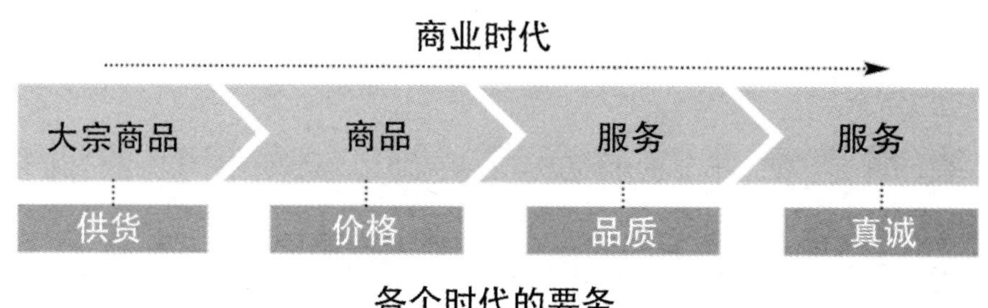

各个时代的要务

给顾客提供真诚的体验是新兴的商业要务，能设法持续做到这项要务的企业，将可以在未来繁荣发展，而那些做不到的企业，恐怕就要被三振出局了。

关键思维

在一个又一个产业里、一群又一群的顾客之间，真诚都已经取代品质，成为主流的采购条件，正如同品质取代了价格，而价格又取代了供货一样。

企业顾客都不再对供货充裕、价格实惠、产

品优异这几项感到满足，他们现在采购的根据，是商品能否符合他们的形象。他们所购买的商品必须要能反映出他们的个人特质，以及在自己的世界观之下的理想形象，并且会立即判断出是真诚还是虚假。

星巴克的每杯咖啡都能赚好几块钱，远高过区区几毛钱的咖啡豆成本，原因就是它懂得根据每一家店内的气氛以及调制每一杯咖啡的过程，营造出一种截然不同的咖啡饮用体验。或许世上再没有别的咖啡企业会如此诚挚而踏实地努力传达出真诚，坚决地塑造消费者眼中的真诚。然而，随着星巴克从一家位于美国西雅图的小店，成长到全球超过 13000 个据点的规模，这样的任务就愈来愈艰难了，因为普及性正是真诚的最大杀手。星巴克的成功，再也不是凭借卓越营运或绝佳口味，而纯粹是凭借着让喝咖啡的人持续认为，在星巴克的体验是真诚的。

——吉尔摩　派恩

二　基本驱动力与因应做法

对真诚的要求，出自 5 大驱动力：

◎获得体验的便利性。

◎新科技的出现。

◎社会要求真诚的意识抬头。

◎婴儿潮世代的影响力。

◎对主要的社会机构丧失信心。

以下依序说明各项驱动力：

1. 获得体验的便利性——消费者愿意付各种使用费，将时间花在他们选择的各种体验上。今天的消费者往往会购买更多套装和整体规划的体验，而从前的消费者通常是一切从头开始。

2. 新科技的出现——例如有了自动回复的语音信箱系统，就不必和总机人员打交道；有了自动提款机，就不用找银行柜员；有了网站，就可以让客服自动化。就算是你真正和某家企业的客服人员讲话，你也会猜想他到底是住在哪个国家、受雇于哪家公司、真正的名字又是什么。

3. 社会要求真诚的意识抬头——这从社群网络的成功，就可以得到证明。例如 YouTube、MySpace、Facebook 等网站，能够让网友彼此分享想法，产生极高的真诚感，这是花钱聘请专家也做不到的事情。

4. 婴儿潮世代的影响力——他们代表了最主要的消费需求。婴儿潮世代在他们人生的各个阶段中都掌握了决定权，比其他族群更可能选择他们想要体验的品牌。真诚的概念，深深打动了婴儿潮世代的心。

5. 对主要的社会机构丧失信心——企业界的财会丑闻使得消费者有所觉醒，而教育机构和政府机关无法体认自身缺失并加以改进，也造成大家的信心更进一步受创。再加上社会机构跨界，想要和企业一样，就更令人忧心。众所周知，企业以获利为目的，如果连教育机构、政府机关、慈善机构和教会都开始跳进商业染缸，问题就来了。它们的动机会令人质疑，而且往往会被贴上不真诚的标签。一个机构要让人感到真诚，就应该仰赖它应有的资金来源，例如：

◎对企业来说，就是货款和费用。

◎对教育机构来说，就是补助和学费。

◎对政府机关来说，就是税收。

◎对慈善机构来说，就是捐款和捐赠品。

◎对教会来说，就是献金和捐献。

以上这 5 大动机交互作用之下的影响就是，大众愈来愈懂得根据自己的感觉，来评断世界的真实和虚假。

三　真诚的5大类型

真诚可以通过5种类型传达出来：

1. 天然的真诚——存在于人类未干预的自然中。

2. 原创的真诚——在各个领域里首见。

3. 卓绝的真诚——来自于绝佳的表现。

4. 启示的真诚——从历史中找到启发。

5. 影响的真诚——能够发挥影响、引人效仿。

消费者眼中的真诚，有下列5种基本类型：

1. 以自然状态存在于地球上的大宗商品——没有经过人类动手干预，因此不可能是人工合成的商品。有机食品和手工艺品所诉求的真诚，就是来自于这种类型。

2. 业界首创的产品——任何产业利基中的

先驱，往往都会被奉为“原创”，而其他商品则会被看成“仿冒品”、“冒牌货”或“仿造产品”。从李维斯牛仔裤、可口可乐到苹果公司的 iPod，都属于这一类。

3. 表现绝佳的商品——实际表现极为优越，而且专业程度极高，以至于让人难以想象还会打算要和其他厂商往来或使用其他产品。这种类型可能像是美国 Nordstrom 百货提供的卓绝客服，也可能类似美国西南航空对乘客的款待和对乘客需求的回应。

4. 从人类的习俗或固有文化中延伸出来的体验——譬如在英国乡村酒吧喝啤酒，或在茶馆感受中国人的茶道等具有象征意义的体验。这些体验之所以能够给人真诚的感觉，是因为它们通过了世世代代的考验。

5. 因为受到尊崇而有影响力的来源——能够发挥影响、敦促人类奋发向上的事物，往往会让人感到真诚。绿色建筑和公平交易规范在近年来广受瞩目，道理就在这里。它们为人们指出迈向更美好未来的方法，也因此给人愈加真诚的感觉。

认识并了解到这 5 大类别的好处是，你可以运用其中一个或多个，来提升自己商品的真诚价值。你可以发挥创意来善用这 5 大类别，比方说：

◎是不是可以让公司和一些天然产品、原料或地缘特色密切结合，善用并融入自然的真诚？

◎有没有哪一项标准营运措施有可能稳定发展，变成业界真诚的典范？

◎公司有没有某些企业目标，可以和更非凡的理想做有意义的联结？

◎有没有哪一类真诚刚好跟你的经营理念不谋而合，自己又可以采取哪些做法来更深入探究？

◎哪一类真诚是你最不想采用的，而既然你跟大家背道而驰，有没有办法善用这点，在你所从事的业务中注入一些真诚？

四　虚假或真诚的检验

真诚的吊诡之处在于，当你开始宣称自己真诚的那一刻起，其实你也就失去了让人觉得真诚的机会。要变得真诚，你就必须表现出让人认为真诚的特色，才能赢得这项殊荣。这就是真诚5大原理的哲学基础。

真诚的5大原理分别是：

1. 如果你真实而真诚，那么你根本不必再宣称自己真诚，别人自然会发觉。

2. 如果你大肆宣称自己真诚，那么一定要能说到做到。你最好能确实做到真诚，否则真诚的招牌会反过来砸死你。

3. 如果你绝口不提自己真诚，那么反而比较容易做到真诚。

4. 如果你坦承商品不够真诚，而不是想要

假装真诚，反而能够让商品给人真诚的感觉。

5. 只要商品让人觉得真诚，你就不用出来承认自己的商品不够真诚。

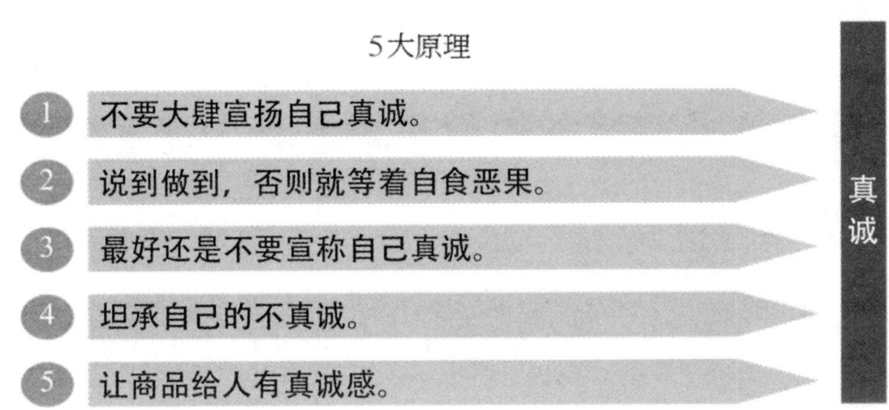

换句话说，企业愈想号称自己的商品真诚，大家就愈会觉得可疑，反而认定这家企业其实并不真诚。诚然，体验是在内心的，某个人认为真诚，另一个人可能觉得全然不真诚。重点是，企业无法用营销或其他方式，宣称自己的商品是真诚的，这是顾客在使用和体验企业的商品或服务时，必须自己下的判断。

真诚是个人的判断，不是企业自己宣称的，这一点造成了深远的影响。这表示你不能认定，顾客对于你真诚与否的看法会跟你一样；但是你可以埋下种子，试图影响他们的决定，只不过你终究还是要退开来，让顾客自己去发觉真诚。你必须让顾客认为，你的商品或服务确实让人感觉真诚。

关键思维

企业的表现，经常会让人觉得它们的商品并不够真诚。企业往往会因为语言或行为，也就是通过营销活动或刻意设计的商品，营造出虚情假意的形象。希望你能避免那样的命运。过去的表现代表着你的形象，而你的未来就看你现在的作为。

——吉尔摩　派恩

五　真诚矩阵

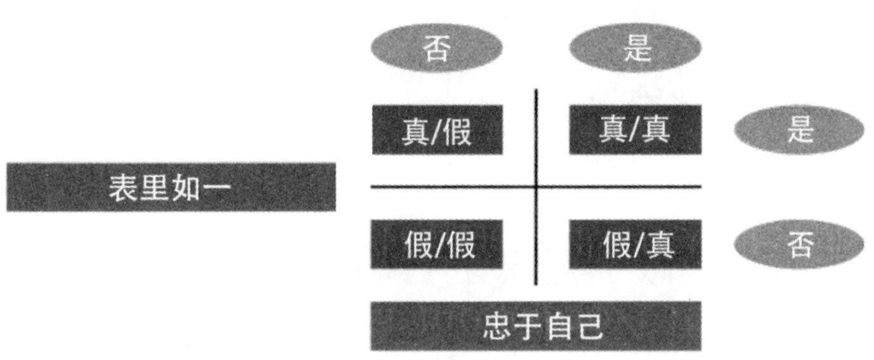

关键思维

尤其要紧的是，你必须对你自己忠实，正像有了白昼才有黑夜一样，对自己忠实，才不会对别人诈欺。

——波隆尼尔，莎翁名剧《哈姆雷特》中的人物

波隆尼尔这个莎翁作品中经常被人引用的角

色，点出了每家企业在评量自己每一项产品或服务的真诚程度时，都必须自省的 2 个问题：

1. 我们的商品是否忠于自己？

2. 我们的商品是否表里如一？

依据你的答案会出现各种不同的组合，分占矩阵中的 4 个象限：

1. 假/假。

如果企业做了不忠于它们核心理念的事，就会出现“假/假”的情形。比方说，耐克设立了名为“耐克城”的零售店，纯粹只想销售产品，并不提供任何符合耐克宣言“Just Do It”的难忘体验。

耐克城名不副实（它并不是“城”），也不忠于耐克的经营理念，它完全没有提供能让粉丝正面回应或认同的体验。

2. 真/假。

“真/假”是指企业表里合一，却与本身的性格不吻合。“NBA 专卖店”就是个好例子，这家零售店是由美国国家篮球协会（NBA）经营，是

唯一销售所有 NBA 球队官方商品的专卖店。店内设有半场的篮球场（这个概念很好），可是球场旁却放了一大箱气没充足的篮球，以防止客人跳进场内小试身手。更有甚者，场边还挂着醒目的告示牌，上面写着“篮球仅供展示，请勿从箱中取用，严禁灌篮”，更让人觉得难以亲近。倘若 NBA 专卖店想要赢得真诚的招牌，就应该积极鼓励大家在这里尽情施展灌篮炫技。如果 NBA 专卖店把灌篮当作招揽顾客的诉求，每天都会不断有人涌入来争取这小试身手的机会。对这种“真/假”情形的解药就是，要坦然承认自己的不真诚，然后努力在未来融入实在和更扎实的元素。

3. 假/真。

如果企业表里不一，却很忠于自己，就属于“假/真”的情形。美国连锁餐厅“百乐集娱乐主题餐厅”就是个很好的例子。它们设置了投篮机，类似打篮球却不是真的在打球，所使用的篮球比正规尺寸要小，篮筐却更高，而且还会随着你的准度移近或移远。像百乐这样的企业，应该掩饰它们的不真诚，然后营造出实在的体验，弥补宣传内容和实际体验之间的不一致感。如果你能够创造出令人信服的梦想国，一方面轻描淡写地带过与实际情况的不一致，另一方面又强调为顾客带来的价值，就会有不错的效果。

4. 真/真。

在真诚这个层面上，“真/真”是所有人都在追求的目标。要做到这一点，就必须表里如一，而且要能忠于自己。位于巴尔的摩，结合了美食、美酒和游戏的“ESPN 特区”运动主题餐厅，就是个绝佳的例子。一走进餐厅，顾客就会立刻被各种不同的体验元素所包围，所有元素都在传达出 ESPN 的精神。消费者在 ESPN 特区可以享受到：

◎烧烤酒吧，有 150 多个荧幕播放各种运动赛事。

◎视听室，有 28 英尺的大荧幕和真皮沙发。

◎私人包厢，可租来观赏直播赛事。

◎运动收藏品、运动主题工艺品等纪念品。

◎游戏区，可以投篮、打冰上曲棍球等。

如果你给顾客提供的体验能够做到“真/真”时，便能不断添加其他元素来强化那样的真诚感。

了解自己公司在矩阵中的位置所能带来的真正效果是，你会有清楚的方向，知道自己该做什么，才能在未来表现出更高度的真诚。

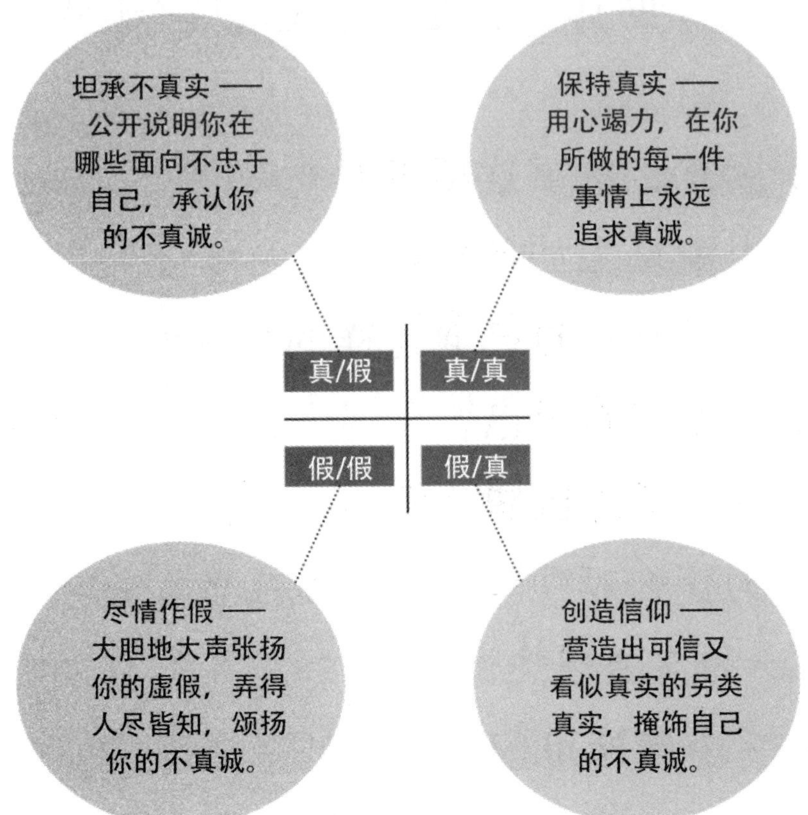

六　评量真诚的 10 项指标

评量真诚的 10 项指标分别是：

1. 公司的本质是什么？

2. 所提供的商品是什么？

3. 现今的作为，是受自己以前哪些做法的影响？

4. 为什么从事这项事业？

5. 企业形象如何传达？

6. 为什么替自己取这样的名称？

7. 怎么形容自己？

8. 在哪些地区建立据点？

9. 为什么对外宣传自己的企业宗旨？

10. 如何展现热忱？

前 5 个指标可归因于一项中心思想，而后 5 项则可归因于另一项中心思想，说明如下：

你是否表里如一?

1. 公司的本质是什么?

这包括你的公司种类、主要的企业性格，以及营运模式。

本质＝种类＋性格

2. 所提供的商品是什么?

也就是你所投入的产业，以及你的产品、服务和商品的特性。

商品特性＝商品＋承诺

3. 现今的作为，是受自己以前哪些做法的影响?

组织创立的地点、时间和缘由。

以前的影响＝起源＋历史

4. 为什么从事这项事业?

公司当初成立的目的，以及你想要达成的目标。

目的感＝意向＋志趣

5. 企业形象如何传达？

从你的决策方式、所作所为、首要目标所反映出的信念和价值观。

价值体系＝信念＋行为

你的组织是否忠于自己？

6. 为什么替自己取这样的名称？

你为公司所选择的名称，以及你为品牌和商品所取的名字，可以让人清楚联想到你的形象。以创办人或所在地命名的企业，通常会比天马行空或花几个月研究出来的名称，更让人感到真诚。

采用名称＝特点＋称号

7. 怎么形容自己？

你在营销文宣、网站等公开说明中用来描述自己的内容，也会向外界传达强烈的信息。你所运用的说明内容和你所选择的媒体，都攸关你真诚的程度。

传达说明＝媒体＋信息

8. 在哪些地区建立据点?

顾客接触到你公司的地点和时机，同样非常重要。要让公司被别人认为是真诚的，这是关键因素，它透露着你所经营的是什么样的企业。

所在地区＝地点＋活动

9. 为什么对外宣传自己的企业宗旨?

你公开描述与传达企业理念，其实就是在悄悄向大家表达你的信念，而你所提供的诱因也是如此。这些都表现出你所强烈信仰的理念是哪些，而哪些理念对你而言微不足道。

宣扬动机＝理念＋诱因

10. 如何展现热忱?

从你所采用的商标到信件和广告里所使用的字体等，统统会传达出这是什么样的企业。大家会从这些地方找出蛛丝马迹，譬如说，如果你的商标显得异想天开，那么所传达出的形象，就会和IBM或微软等采用保守商标的企业非常不一样。这些视觉上的线索，都攸关你整体的真诚感。

呈现外貌＝象征＋观感

组织要做到表里如一，必须全心拥抱你为商品和公司所宣传的一切内容。当消费者接触到你的公司时，实际情况必须和你所宣传的内容吻合。在你努力忠于自己之前，必须先弄清楚你想要效忠的是什么。这会包括下列5个元素：

1．公司的本质。

2．商品的特性。

3．公司以往的影响。

4．公司的目的感。

5．深植于企业文化中的价值观。

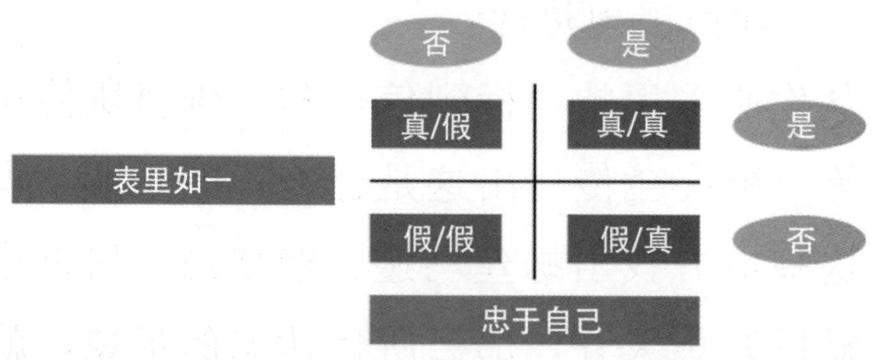

在你努力做到表里如一之前，必须先清楚检视你到底是怎么描述自己的。你可以列出一长串

项目，可是通常不外乎浓缩了组织自我宣传内容的5大要素：

1. 替公司和商品所命的名称。
2. 为传达不同要素所用的说明。
3. 公司所在地，以及顾客可能接触到你的地方。
4. 为说明经营理念所宣扬的动机。
5. 公司呈现的外貌和表现自己特质的方式。

七　企业如何让人感到真实

要提升公司给人的真诚感，最理想的方法就是不要再用广告来介绍商品，而是去花钱营造出场所（不论是永久还是暂时的），让大家自己去实际体验你的商品。以“营造场所”来取代营销。

营销正渐渐失效，之所以会变成这样，有许多原因，不过根本的问题出在广告必须靠虚张声势才能成功。创造需求有一种比较新颖而理想的方法，叫作营造场所，也就是创造一些场所，让顾客自己去体验你的商品以及你的组织。如果你能创造出吸引力十足的特质，让消费者乐意掏腰包，就会有极佳效果。

供消费者体验商品的场所可以是永久或暂时的、实体或虚拟的、免费或收费的，营造场所必

须从以下 5 种层次来整合出体验组合：

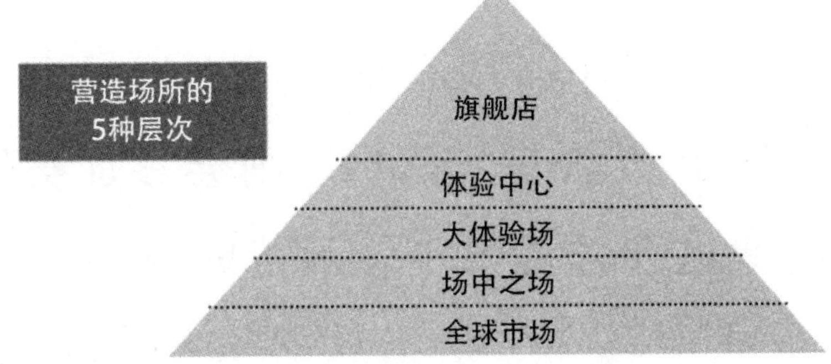

1. 旗舰店——是指可以让现有或潜在顾客用令人难忘的方式，亲自体验你公司商品的场所。这个场所要让人足以印证你所表现的一切形象。

2. 体验中心——是指特定产业利基中相当闻名的地点。就好像底特律是汽车工业的体验中心，而好莱坞则是电影工业的中心一样。

3. 大体验场——是指人数多到足以举办大规模亲身体验活动的地方。譬如美国凯斯工程机械等企业就会举办机械竞赛，让顾客可以在有趣的环境中操作机械；又如在线旅游公司 Expedia 在各大机场与饭店开设咖啡厅，让潜在顾客亲身体验他们的品牌。

4. 场中之场——是指附属在其他场所或活动中的地方。好比通用汽车在迪士尼乐园的未来世界园区推出试车道，而宝洁则会参加美国各州和各郡的博览会，提供实际示范的体验。

5. 全球市场——是指顾客会接触你商品的各种可能场所。如果你销售的是口香糖等大众消费产品，这会很适合，但是在操作上要非常谨慎，因为普及性有时反而会招来某种单调感，这样就会抹杀消费者心中的真诚感受。

另外要切记，在你通过这5种层级整合出营造场所实体的体验组合之后，接下来还必须回过头来想想虚拟的体验组合。唯有让商品实体的体验和虚拟的体验相互整合并和谐共存，才能提升真诚感。不可否认地，并非每一家企业都必须面面俱到，不过均衡又恰如其分的体验组合则是必要的。

要让营造场所能够成功，必须做到下列几

件事：

◎规划好营造场所的方案——而且要经过严谨的策略思考。检视自己的状况，然后判断应该进行哪些层次的场所营造，以及要如何将各种营销体验整合在一组场所之中，让场所组合中处处都能创造需求。营造场所的好处是，它并不像广告，你愈是投入在营造场所，就愈能让人感到真诚。营造场所会驱使你变得真诚，这绝不是件坏事。

◎学会计算提供营造场所体验的投资报酬率——因为必须证明营造场所的效益比广告更明确，才能获得公司内部的普遍支持。要评量广告效益，通常会以广告接触到的人数和他们对内容的回想程度，去除以支出成本。至于要计算营造体验的报酬率，则要以当时参与的人数乘以他们所花的时间、所获得的注意力、体验强度和记忆度，再除以支出成本。不可否认地，传统的广告方法确实可以引起较多人的注意，可是场所体验计算式里的所有其他系数，都大大证明了营造体验的好处。光是这一点，就足以说明为什么应该把原本要用来做广告的预算，转移到用来开发广泛的体验组合。

◎考虑任命“首席体验官”——从高阶管理团队中挑选专人，长期负责开发、推动和管理体验组合。“首席体验官”应该积极努力，不断创造出新的体验。

◎思考可以提供哪些值得付费的体验——这是营造真诚感的法宝。如果你能提供极具吸引力的体验，让人认为值得付费去感受，那么你的营销活动本身就会变成营收来源，而不仅是支出项目。吊诡的是，收取费用代表你拥有值得体验的东西。如果你提供的体验并不收费，顾客对这项体验的重视程度，就不会像收费时那么高。

八　企业如何忠于核心价值

要提升企业在顾客心中的真诚感，必须提供符合你核心价值的商品，而不是光把可以赚钱的东西拼凑起来。选择可以反映并符合企业理念的经营策略，不要把所有可以捞钱的东西胡乱拼凑在一起。

企业要忠于自己，必须充分了解自己的商机在哪里。在过去成就的基础之上，只要执行得当，也就是坚守在“执行区”内，未来就有机会达成各种可能性。在执行区之外当然还有许多竞争方案，要是你去做了，就无法忠于自己。让人觉得商品真诚的关键，就是要专注在执行区内，不要分心去做那些不可行的方案。

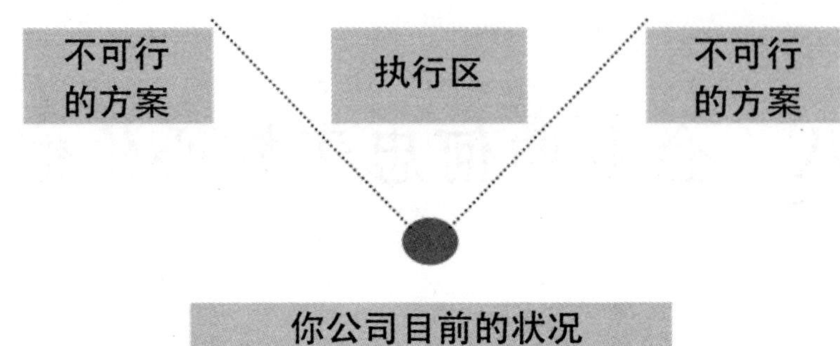

要成功做到这点，必须谨守以下 8 大原则：

1. 研究你的过往——从而在企业的历史起源和发展脉络下，规划出体验的内容。有必要的话，可以聘请历史专家，请他们分析哪些因素造就了今日的你，通过研究来避免采取和过去一向坚持的理念相左的方案。

2. 厘清你目前的定位——因为此时此刻你所做的一切，会大大影响未来市场对于你的期待。从你的定位，就能看出你未来可能达成的成就，在网络公司大量涌现的初期，就发生过这种现象。成千上万的网络公司对自己的定位，是要免费提供商品，而不是明确表示要针对自己所创造的价值收取费用。这种方法显然无法维持下去，但是这些企业就这样受困于自己的定位之

中。只有少数企业把网络当作创新营运模式的平台而存活了下来，但是许多网络公司则消逝无踪。你的定位，会大大影响你对于目标在未来能否实现的看法。

3. 定出目前的发展方针——也就是在历史和现有定位之下，公司目前所要迈进的方向和步调。比方说，加工食品的主要生产商应该可以很明显看出追求养生的潮流，因此在未来必须以养生为诉求来吸引顾客。这些生产商的方针会包含建立养生取向的品牌，或是运用其他方法以追求健康人生为诉求。同理，你或许可以判断出其他会影响你未来作为的明显趋势。你现在的发展方向，会决定你未来的策略和市场限制，所以要精打细算。

4. 了解你的限制——要体认到自己不可能真正做到每件事。总有一些策略方案因为考虑到你一直以来的做法，而且根本无法吸引你的顾客群，所以必须排除在外。了解这些限制，并用以删减策略方案。像法拉利这种企业，之所以不适合推出可以销售数百万辆的厢型车的道理就在这里。同样的，一定会有某些策略方案不适合你。了解哪些方案不适合你，然后全心做好适合你的方案。不要妄想不可能实现的梦想，而是要精确找出你在未来最宽广的执行区。

5. 聚焦在你的执行区上——回归到你公司的招牌特色，并在这些特色的基础上，想出创造价值的新方案。在20世纪90年代晚期，赌城拉斯维加斯曾试图转型为老少咸宜的城市，可惜结果惨不忍睹，因此赌城回归到“万恶城市”的本性（想做什么就去做），结果证明这种做法大受欢迎。现在赌城的饭店从业者全力营造更吸引人的成人体验，至于老少咸宜就留给别人去做。你必须采取类似的做法，找出公司最闪亮的招牌，然后据此开发创造价值的新方案。尽快朝新方向迈进，不过也要顾及顾客，让他们可以跟上你的脚步，而不是被你抛在后头。

6. 环顾四周——免得被市场新进者乘虚而入。每当有企业根据其现有能力，从一个产业转入另一个产业，市场就常常被打乱。同样的，当有企业进入另一个企业的执行区，产业生态也可能因而被重新界定。要避免这种事发生在你公司身上，在专心向前迈进的同时，你也要好好留意四周变化。

7. 锁定未来——为自己的决策负责，并且追求对公司而言真诚而实在的商机。你可能无法达成比竞争对手更大的规模、更理想的表现，或是更优越的品质，可是你可以为公司注入顾客乐于回应的真诚。在你拥抱未来新机会的同时，也要忠于自己的过去。不要把未来看成宿命，而要当作公司眼前坦途的起点。展望光明的未来，把未来和现在连起来，并且开始采用适当策略，让你在未来来到眼前时能够占尽优势。

8. 彻底执行——尽量做到零缺点。这听起来可能极具挑战性，但是随着你开始努力执行，其他元素自然会水到渠成。一旦你投入某项行动方案，就要一直精益求精。当然，过程中会不断浮现问题，所以要懂得在发生挫败时，持续设法加以修正，这样就可以不断向前迈进。丰田汽车耗时50年才达成他们要成为全球品质最佳汽车制造商的目标，因此一定要有耐性，要按部就班。想要达成必要的突破性进展，所有人都必须全心投入，为共同目标而努力。若要持续切实执行，就需要一致而持久的努力，所以要坚持到底，也要奖励相关工作中表现突出的人员。

关键思维

收取费用表示这个场所本身就是商品。它不是某项商品的代表（譬如广告），本身就是一项商品；它不只是营销活动，因为要收使用费，所以它就是如假包换的实质商品。此外，唯有收取费用，才会驱使企业去设计出值得付费的体验，而如果这个体验值得付费，那参观者绝对会乐意

付钱。我们承认这种做法还不适合所有企业使用，但是例外的情形愈来愈少。这不是幻想，而是实际可行的。企业现在都在发挥想象力，设想出广告所不能及的方法来吸引现有与潜在的顾客，就是为了要做到付费体验。

——吉尔摩　派恩

九　运用对立来提升真诚

了解真诚矩阵的好处是，企业可以借此获得策略方向来对抗基础稳固的对手。如果对手在矩阵中某个象限里已经有稳固基础，你就可以选择以矩阵的对角为策略来与之竞争。这种方法最有机会让你变得更真诚，其他一切用来迎头赶上对手的方法都难以匹敌。

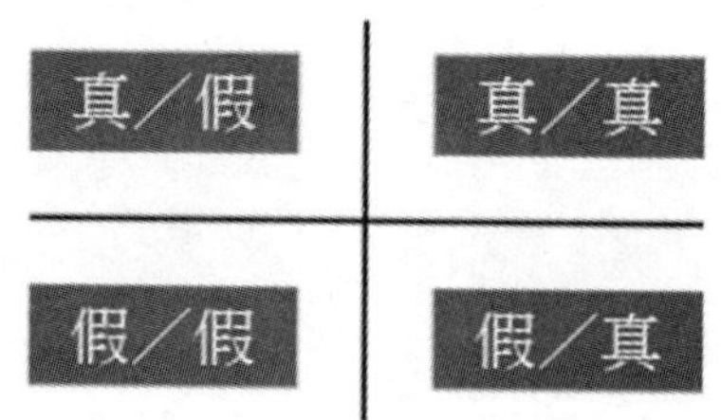

只要有企业在矩阵中的某个象限打下稳固基础，要与之竞争的最佳方法，绝对不是去进入对手已经攻占的象限。在矩阵里的对角象限中一定会有竞争的机会，你应该考虑加以善用。

举例来说：

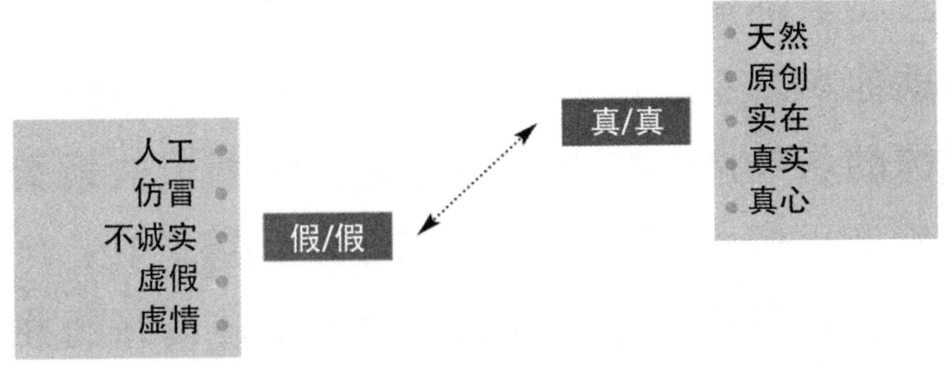

◎以草坪为例，大多数人都认为天然草坪属于“真/真”，即使它是经过人工栽种、除杂草、施肥、浇水和修整的。目前天然草坪的最大竞争对手就是人工草坪，它完全是人造的，完全无须保养。美国南方许多屋主都在他们的院落中采用人工草坪，即使它明显就属于“假/假”象限。完全无须保养成了强力的卖点，何况第二代的人工草坪自称具有和天然草坪同等的“可玩性”。

◎再来看看激励演说家的例子。激励大师安东尼·罗宾靠着他自己对帮助别人成功的热忱，建立起庞大的企业王国。不过我们可以很清楚看出，他拥有极高、但或许当之无愧的自负。这让我们了解到，他表面上的真心，其实是一种伪装的真心，不像特蕾莎修女那样纯然不求回报地去帮助他人。罗宾帮助他人反而是为了提高他心灵导师的名声，好在未来赚进更多财富。这其实也无所谓，因为罗宾已开诚布公地承认自己的动机。想要跟罗宾这种激励大师竞争，最好的办法就是大喇喇地摆出一副虚情假意、玩世不恭的样子。或许这正是《辛普森一家》之类的电视节目大受欢迎的主因。

同样的，在矩阵的对角象限里，还有其他可行的竞争手法：

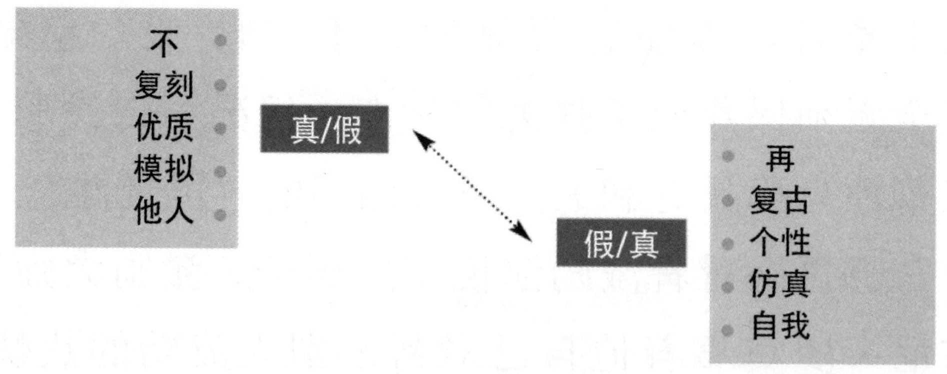

◎创立于 1976 年的美体小铺，如今在全世界 47 个国家拥有 1900 个分店，创造出超过 20

亿美元的年营收，它总是能让人感到真诚，因为它强调每一样东西的“再利用”。它提供“再补充”的服务，致力于垃圾减量，并积极鼓励顾客重复使用和资源回收。美体小铺的最大竞争对手Lush，在全球33个国家拥有300个分店。Lush所销售的商品几乎都不包装、不装瓶，或是等到顾客说明所要购买产品的分量后，才加以包装。Lush的店面不加装潢，映入顾客眼帘的是没有粉刷的墙壁、不加装饰的木头货架、不铺地毯的水泥地，还有用手写的黑板告示。美体小铺和Lush想要让人感到真诚，不过却采取恰恰相反的手法。

◎“复古”设计大受欢迎，大众新甲壳虫和克莱斯勒PT漫步者的成功，都是因为它们重现了消费者心目中对汽车旧时样貌的记忆。在对角象限的手法是“复刻”设计，也就是产品看起来像原版，但只有外形像，骨子里是全新而时兴的科技。这种手法在家电用品中十分常见，例如看起来像老唱机的CD音响就大受青睐。同样的现象也发生在时钟、信箱、家具甚至房子的设计上。如今你只要花25000美元，就可以买到复刻版的保时捷敞篷跑车，价格是原版10万美元的1/4。同样的，这两个竞争定位之所以可行，是因为它们都在积极争取真诚的招牌。

◎所谓仿真商品，就是指设法让外表看起来拥有内在没有的东西。甜甜圈连锁店“老唐甜甜圈”想要让店面陈设风格和星巴克有所区别，因此决定要设个仿真的烘焙坊，把烤箱挪到店面的前场，紧邻摆满甜甜圈等糕点的墙，同时在柜台摆上意大利浓缩咖啡机。这个新设计是想要让店面看起来比较像面包店，而不像连锁速食店，借以提升真诚感。与之相反的手法则是开发模拟商品。模拟商品和某个事物相似，却又不完全相同。传奇四分卫约翰·艾维曾提供“和艾维并肩作战”的体验，收费65000美元，让一位幸运球迷与他共进午餐，然后再一起走进英里高球场，

由艾维传几个球到达阵区让球迷直接达阵。模拟商品是在明显经过设计的假体验中，尽可能整合进真实体验，借以让人感到真诚。

信任经济学

教你用信任创造富足、活力与快乐

Smart Trust

Creating Prosperity，Energy，and Joy in a Low－Trust World

原著作者简介

史蒂芬·柯维（Stephen M. R. Covey），毕业于哈佛商学院，柯维林克国际公司与富兰克林柯维公司的创始人之一，也是全球最大的领导培训公司柯维领导中心的前任首席执行官，还是著名的演讲家和多家企业的顾问。

葛瑞格·林克（Covey Link），柯维领导中心与柯维林克的创始人之一，平日担任顾问并进行演讲，掌管柯维林克全球出版事业。通过林克与柯维的精心策划，《与成功有约》一书（作者为柯维的父亲 Stephen R. Covey）以 38 种语言，畅销世界 2000 万册。

本文编译：王约

主要内容

信任其实很值钱

你知道沃伦·巴菲特成功的关键因素是什么吗？“信任”或许是最佳的答案。

他所领导的伯克希尔投资公司总部，只有 21 个员工，却可以管理旗下 77 家以上的投资公司，其中营业额超过数十亿美元的不在少数。能精简但有效地管理这么庞大的投资事业，主要是因为伯克希尔的正副董事长沃伦·巴菲特与查理·芒格信任旗下公司的经理人会做正确的事情。

有很多管理上的例证，可以证明信任的力量。例如，信任客户的美国康乃迪克赞恩自行车店让顾客可以任意试车，不需要留证件或押金。赞恩自行车店的年销售额为 1300 万美元，一年失窃大约 5 辆自行车，却卖出 5000 多辆自行车。例如，信任员工的丘博保险集团让员工自行决定工作时间，结果生产力增加了10%。

从务实的观点来看，“信任”是很棒的管理哲学，如果不从这个前提出发，企业就要付出不少代价。在企业中如果要层层把关、拧紧发条，必须花费不少人力进行管制与稽核，这些都是成本；甚至可能因为层层限制，延宕了企业运作的进程，更会影响企业的竞争力。

更重要的是，“信任”可以让员工感受到被尊重，提高员工对工作的自主性，员工的成就感自然随之而来。提高员工对工作与公司的满意度，会让员工与公司站在一起，奋起投入，一起开创未来。由此可见，“信任”虽然无形，却可以产生无可限量的经济效应。

当然，一样米养百样人，信任仍然有其风险。因此要在公司内植入信任的基因，需要逐步改进。本章作者建议，首先要从领导者着手，先选择相信信任的力量，同时从自身做起。然后公开说明你的想法，取得大家的信任，对于承诺的

事情说到做到，并且带头信任他人。

当然，信任不是一厢情愿，盲目的信任常常会带来灾难。因此不只要“信任”，还要“聪明地信任”，领导者仍然必须时时观察分析，去芜存菁，将不值得信任的部分排除在企业运作之外，以免养虎为患。

当企业内的“信任”氛围与文化建立起来之后，领导者会感受到员工的正面态度与热忱，在企业内部形成一个良性的循环。3M 公司从公司 1948 年营收 2000 万美元成长到 2012 年营收 266 亿美元，就是来自公司 1948 年下定决心采取更多信任策略所产生的威力。信任，可值钱了呢！

信任的力量

信任拥有巨大的力量，它能让人们获得更好的结果，拥有更大的热情，并体验到更多的快乐。在尔虞我诈的世界里，聪明地信任将是你突破信任危机的唯一途径。

信任是商业运转的润滑剂。一旦有了信任，你在掌握最大可能性的同时，也能把风险降到最低，问题也就更容易迎刃而解。然而问题是，在这么尔虞我诈的世界里，我们究竟应该怎么做，才能运用高度信任的模式来取得更好的效益？这个问题的答案，就是“聪明信任法”。

“聪明信任法”是指在经过审慎的判断之后，对交涉的对象采取信任的态度。要做到这点，你必须非常习惯于信任他人，同时也必须有足够的能力分析对方是否真的值得信赖。“聪明信任法”

是你在商业往来中交付信任的决断。在一个普遍缺乏信任的社会，"聪明信任法"可以帮助你有效获得信任他人的好处。

关键思维

这个世界上有成千上万的例子，可以让我们很有信心地说，虽然这个世界正在经历一场信任危机，但与此同时也有一股新生的力量在产生，而"聪明信任法"正是这股力量的超级推动者，它可以让我们更富足、更有活力，也更快乐。此外，我们觉得领导人有带头的义务。就算你曾经受骗上当，或你过去的所作所为（或你的前任者的作为）曾经让别人不再信任你或你的组织，只要你能愈快恢复并重建信任的基础，你就能愈快体会到信任所带来的巨大好处。

——柯维　林克

一　什么是“聪明信任法”，为什么它很重要

“聪明信任法”是指有意识地经过审慎判断后、决定信任他人并据此行动的方法。要做到“聪明信任”，务必满足 2 个关键要素：

1. 你必须习惯而且愿意相信别人。

2. 分析并确定对方值得信任。

关键思维

信任就像我们呼吸的空气一样。有它的时候，没有人会注意，一旦少了它，每个人都会发现。

——沃伦·巴菲特，美国投资家、慈善家

在今天的世界，人与人之间愈来愈无法彼此信任。在盖洛普所做的调查中，几乎每份调查的结果都一样 ——现在已经愈来愈没有人会相信

对手会做正确的事情，所以说今天的社会正面临整体的信任危机一点儿也不为过。

这实在是件糟糕的事，因为在全球经济体系里，信任是一种新兴的货币；有了信任，市场才得以运作；信任度一旦降低，做生意的成本就提高了，人们会无心付出、不想创新，各种往来也会渐渐失去活力。信任会带来力量，信任度跟你所拥有的力量之间，有直接的关系。

不过，即使我们身处信任危机之中，我们还是可以看到几个耀眼的案例，他们因为采取一种高度信任的态度而发光发热。例如不喜欢就包退的捷步网络鞋店和穷人银行家穆罕默德·尤努斯（乡村银行创办人）就让人们看到，一家秉持信任原则的公司可以有多么自由、有效的运作方式。其他的公司如印度软件公司威普罗与乐高，也正在努力营造高度信任的企业文化。信任正在经历一场复兴运动，而这场浪潮会让所有的经济活动都受益。

现在我们愈来愈清楚，信任并不是一种要或不要的抉择，有第 3 种选项正渐渐浮现台面，你可以选择用一种聪明的方式来信任他人。懂得使用这个方式的公司都生意兴隆，如购物网站 eBay 和网络租片公司 Netflix 都是很好的例子。eBay 的整体企业模式是让人们可以在公开、透明的情况下进行交易，通过自律把那些不能信任的人剔除在外。同样的，Netflix 也假设大部分的人都是诚实的，每个月缴多少会费就看多少影片，不会逾矩。

上述这些公司并非盲目信任，而是采取“聪明信任法”。这些公司作出决断，把风险降到最低的同时，又能开创无限商机。“聪明信任法”有 2 个基本要件：

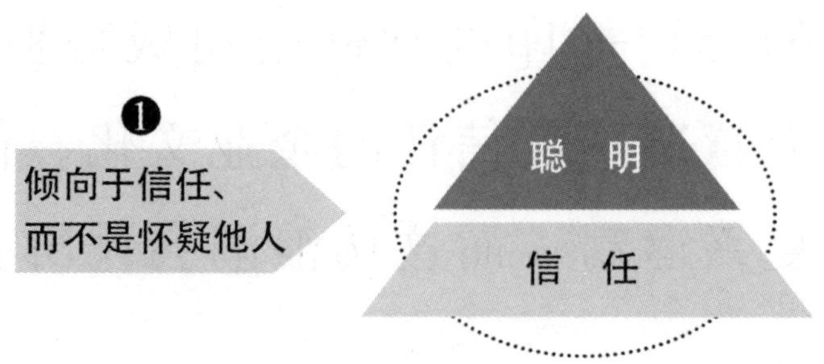

你必须在一开始跟别人打交道的时候，就愿意、倾向或强烈偏向于信任他人。一开始就相信人人皆可信任，除非有证据证明不行。这并不表示，我们任由别人欺骗，而是说不管是做什么生意，我们一开始就相信我们的合作伙伴是诚实的，大家都会以诚待人。

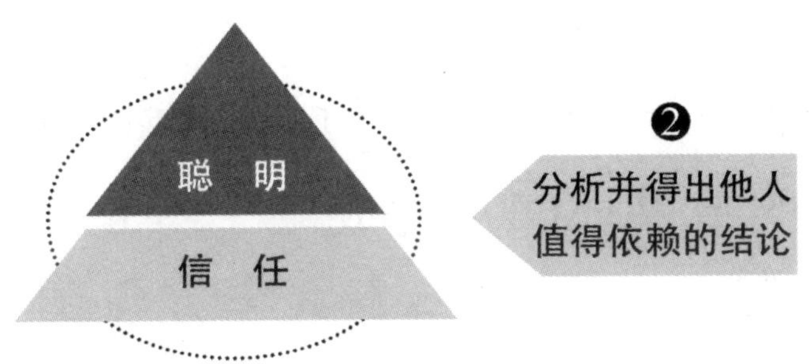

使用“聪明信任法”的时候，除了高度信任他人之外，还必须进行深入的分析。成功的组织会有一套系统来去除那些滥用他人信任的人。举例来说，eBay 会侦测不守规定或不老实的使用者，并对他们停权。eBay 投入资金设计精密的电脑系统，用来侦测不当的行为，严格扫荡不值得信任的商家。

重点就是，使用“聪明信任法”必须同时结合高度信任与深入分析。深入分析是“聪明信任

法”不可或缺的元素，但在分析的同时，也要秉持着“除非证明了不可信任，否则人人皆可信任”的态度。

一般来说，“聪明信任法”的分析有 3 个重要的变数：

1. 机会 ——找出你凭借什么信任他人，以及你期望对方怎么做。

2. 风险 ——找出：（1）可能的风险程度；（2）可能的结果；（3）达成某个特定目标的可能性有多大。

3. 信誉 ——了解相关人士的品格与能力。

换句话说，“聪明信任法”就是要抵达信任矩阵的右上角：

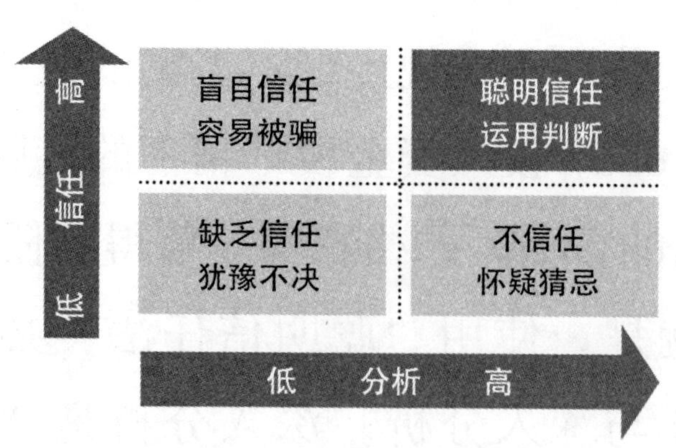

“聪明信任”很重要，是因为相较于缺乏信任的情况，如果我们能以明智的方式来信任他人，并取得他人的信任，我们就能以更快的速度达成目标。信任是一种高度“互惠”的事，一旦你信任别人，就会开启良性循环。运用“聪明信任法”来信任他人之后，最终将可以做好更多的事。更棒的是，“聪明信任法”是一种可以帮助我们加速拓展业务的宝贵方法。

关键思维

不要谁都相信，要信任值得信任的人；前者愚蠢，后者则是谨慎的表现。

——德谟克利特，公元前 5 世纪古希腊哲学家

大胆信任，小心求证。

——俄罗斯谚语

二　建立“聪明信任法”的5个行动方案

来自世界各地的组织正在使用这5个行动方案，运用“聪明信任法”来获取利益：

行动1　选择相信信任的力量

“聪明信任法”的第一步，就是让自己或公司下定决心信任他人。有些人可能会觉得这是很简单的一件事，但有的人则会觉得这并不容易。在今日的商业社会里，许多人都觉得相信他人是一件充满理想性但不切实际的事。

如果我们观察那些很愿意相信别人而且生产力高的个人、团队与组织，就会发现信任包括了3种基本信念：

1. 我们必须相信“信任”是一件好事——要相信信任对于我们正在做的事，以及我们想要达成的目标，都会有所帮助。

2. 我们也必须相信大多数的人都值得信任——不要让少数不值得信任的人破坏了你对于多数人的信任。Netflix 把数千万盘影碟送到订户家中，并相信他们看完之后会退回。

3. 我们还必须相信，信任是一种更好的领导方式——当你百分之百信任别人，人们就会回报更好的表现和更高的产能。Best Buy 让员工自行决定工作时间之后，员工的生产力激增了 35％。

关键思维

你尊重别人，别人也会尊重你。其他如忠诚、信任等所有伟大领导者应该具备的美德也是这样。我一直相信这句话："宁可相信别人，偶尔失望，也不要因为怀疑，懊悔一生。"

——约翰·伍登，美国加州大学洛杉矶分校篮球教练

有感于许多公司大费周章，只是为了逮到

3% 不择手段欺上瞒下的人，我们决定要为那97% 值得信任的人制定规章。我们发现这么做之后，那些不值得信任的人在公司里会显得格格不入，最终自己会离开。事情真的就是这样。

——戈登·华德，美国查布洛钢铁前首席执行官

皮耶（eBay 创办人）让我们看到，我们这家公司的基本精神就是认为我们的周遭都是好人，而这些人都想要创造一个诚信的环境来做生意……这个精神已经深入我们的公司文化——是我们公司内部同仁的根本相处之道，也是我们对待 eBay 用户与合作伙伴的基本态度。

——梅格·惠特曼，eBay 前首席执行官

信任是四季饭店的“情感资本”、维持长久兴隆的道德标准，以及深植在企业文化里的准则和规范……它是我们能够成功的主因，攸关我们的名誉，是每次交易、每天开门营业，以及进行一切业务的最高指导原则……如同自由市场里有一只看不

见的手在调节一样，有一只看不见的信任之手，一直在做我们的向导，引领着我们前进。年复一年，人们愈信任我们，饭店的声誉也愈跟着上升。

——伊萨多·夏普，四季饭店创始人

我认为投资方应该信任为他们工作的人，你应该相信他们会为公司带来很大的贡献。如果你这样相信，他们就会做到……如果你相信工作伙伴会尽力而为，营收自然会提高，即使是在经济不景气的时候也是一样。

——吉姆·古奈特，赛仕电脑

我们相信我们的员工会运用最好的判断力来处理每一位顾客的事。

——谢家华，捷步首席执行官

握手成交之后，就要信守承诺——不计任何代价。难搞的协商只发生在交易谈定之前。一旦握手成交，协商就结束了。你的承诺是你最大的资产；诚实是你最大的美德。

——老乔恩·亨茨曼，亨茨曼集团创始人

只要我相信我能做到，即使一开始我并没有拥有能够做到那件事的能力，最终我还是会有办法做到。

——圣雄甘地

很多长远的成功都要靠无形的东西：信念和构想等看不到的概念。

——伊萨多·夏普，四季饭店创始人

麦当劳非常大胆地信任了现在被称为“面包女士”的科迪亚·哈灵顿，她的面包坊价值6000万美元，负责供应麦当劳以及其他餐厅的面包。但在20世纪90年代的时候，她只是一个努力工作抚养3个儿子的单亲妈妈。她当时买下麦当劳在美国伊利诺伊州的一家分店，但由于地点不佳，生意很差。哈灵顿没有气馁，她再接再厉买下当地灰狗巴士的经营权，更改巴士的行驶路线，让每天有68到100班的巴士载着饥肠辘辘的顾客经过她的店。有一天哈灵顿听说麦当劳正在找面包供应商，虽然她没有任何跟烘焙有关

的经历，但她还是开始着手说服麦当劳公司相信自己是适合的供应商。经过 4 年时间以及 32 次的面谈之后，她赢得了麦当劳的信任，握手达成交易，后来这个合作关系维持了 16 年。哈灵顿表示："我们的合作关系完全靠着信念，我们没有订合约，只握了握手。"为了寻找资金，哈灵顿向银行借钱，结果由于银行信任她的工作态度与信用，就又凭着一次握手，银行贷给她 1300 万美元。哈灵顿在美国马里兰妇女大会担任主讲人的时候，她告诉在场的妇女："帮自己找一个你信任他，他也信任你的银行业者，然后一起拟订一个计划。"她还说，"有的时候我们需要的不是钱，而是创意……我被拒绝了 31 次，但如果你心中怀抱着梦想，你就应该坚持下去。银行因为一个握手，为了一家面包店，同意贷给我 1300 万美元的时候，我觉得他们疯了。"从银行业者的角度来看，他们并不是完全疯狂。经过分析之后，他们发现哈灵顿拥有绝佳的信用记录，一直以来都能成功达成目标，而且还跟麦当劳定下了订单源源不绝的协议。

——柯维　林克

行动 2　从自身做起

你必须先相信自己，否则是不可能做到“聪明信任”的。请看着镜子问自己 2 个问题：

1. “我能相信自己吗？”

相信自己是一件非常重要的事。你必须先相信自己，才有办法相信身边的人。有了信誉，你就能相信自己——信誉是指你能承担起自己的责任，而这种特质来自品格与能力。

品格是指你为人处世的态度和意图。如果你是个诚实、不拐弯抹角、可以倚赖的人，人们就会信任你。但要让信任发挥用处，除了拥有良好的品格之外，还需要拥有能力——你必须拥有完成任务的本事、技能与专门知识。如果人们认为你是一个知识渊博、技术高超而且不断精进的人，他们就会比较容易信任你。

关键思维

一个不相信自己的人，永远无法真正相信他人。

——莱兹，17 世纪法国红衣主教

相信自己，然后你就会知道该如何生活。

——歌德，德国作家

相信自己是成功的第一个秘诀……也是勇气的来源……能够相信自己，就能够拥有所有的美德。

——拉尔夫·沃尔多·爱默生，美国思想家、文学家

要期待别人能够信任我们，唯一的方法就是我们必须值得别人信赖，尤其是值得自己信赖。

——悉尼·马德威，作家与沟通专家

2. “我是不是一个可以让别人信任的人？”

问题的核心在于你是否说得到、做得到。要让众人跟随你，你就必须用品格和能力来带领大家。要一路走来、始终如一是一件不容易的事，因为只要有一点小小的失误，就可能让多年的努力付诸东流，但无论如何，做一个值得人们信赖的领袖，是很重要的。

关键思维

拥有能力也许能让你达到顶峰，但唯有品格才能让你保持不坠。

——约翰·伍登，美国加州大学洛杉矶分校篮球教练

谁能领先群雄呢？是一个带领一群垂头丧气的员工的领袖，还是一个从愿景、节操和尊重着手，建立信任并让员工充分展现能量与创意的新领袖……我们不妨做个比较，看看一个强调信任、谦恭与礼貌的团队，和一个每天彼此猜忌怀

疑、不互相尊重、不体谅他人的团队会有怎样不同的表现。答案昭然若揭。活力充沛、动机十足、懂得尊重与感谢的人，永远都会是赢家。缺乏活力、动机，以及不懂得感恩的工作者，无法在一个高度竞争的世界里占有一席之地。

——法兰西斯·贺塞苹，美国女童军首席执行官

我们的会员信任我们，所以我们永远都在寻找能够超越他们期望的方法。而员工方面……我一直认为，如果你有很好的员工，而且给他们不错的薪水和适当的职业规划，那么就会有好事降临在企业身上。在华尔街，他们图的就是想办法从现在到下个礼拜四之前赚到钱，我无意挖苦这件事，但我们不能采取这种态度。我们想要建立的是一个五六十年后还会存在的公司。

——吉姆·辛尼格，好市多首席执行官

好市多的食品采购资深副总裁提姆·罗斯回忆，有一次咖啡豆的价格跌落，但星巴克不肯回

馈给消费者。虽然好市多集团总裁吉姆·辛尼格和星巴克总裁霍华德·舒尔茨是朋友，但他还是警告舒尔茨如果他们不降价的话，好市多就不卖星巴克的产品了。最后星巴克让步。罗斯回忆说当时舒尔茨反问："你以为你是谁？价格警察吗？"结果辛尼格肯定地回复他：是的。

——《纽约时报》

荷兰国际集团直接银行加拿大分行是这个全球最大的银行金融机构的重要据点，总裁兼首席执行官彼得·阿西托在担任首席执行官 1 年之后，寄了下面这封电子邮件给全公司 1000 多名员工。信件的主旨栏写着"由你当家做主"。

"亲爱的队友：

真正的领导者不是由董事会和股东选出来的。真正的领导者是由跟他一起工作的队员选出来的，是基于他获得的尊敬和成果，以及团队相信有他的领导便能攻无不克的信心。我是被股东和董事会选出来领导你们的人，不是你们选出来

的。5 月 1 日是我担任首席执行官满 1 年的日子，你们已经有足够的时间观察我，决定你们是否希望由我来继续带领这个出色的荷兰国际集团直接银行团队。请按下这个链接，告诉我你们是否要我继续担任首席执行官。此外，如果你们对于我们的企业或是我的领导方式有任何建设性的意见，也请一并告诉我。如果我没有得到你们一致投下的信任票，我会离开。这项调查是匿名的，所以请诚实填写。如果你们选择要我留下，这将是出于你们自由意志的决定，我将会感到很荣幸，并尽心竭力地继续履行领导的职责。请在 5 月 12 日星期二之前完成投票以利计票。

谢谢各位。

彼得”

超过 95％ 的员工回复了阿西托的信件，在回复的信件中，有高达 97％ 的人认为阿西托应该留任，只有 3％的人认为他应该走人。究竟是什么原因让阿西托敢采取如此大胆的做法？在经过访谈之后，我们立刻了解到他不仅信任自己，也是为了给员工一个能够信任的领导者。阿西托自己知道，他的员工也知道。他早已证明他的信誉，并非凭空要员工评鉴他，他是在高度自觉的情况下做出这件事的，而这股自信来自高度的信誉和贯彻一致的行为。此外，我们也清楚看到他相信如果能通过这种方式让大家一起参与，让大家有机会可以选他为领袖——那些投票给他的人对他会更加忠诚，而没有投票给他的人，也会针对他还可以做得更好的地方，给予非常好的建议。

——柯维　林克

行动3　公开表明你的意图，赢得大家的信任

运用“聪明信任法”的第一个步骤是经过深思熟虑的决定，相信信任的力量，然后由内而外通过品德与能力建立你的信誉，让自己成为值得他人信赖的人。接下来，你必须让别人知道你想

要做什么，以及为什么你想要做那件事。

一般来说，告诉别人你的意图，应该包含 2 个部分：

1. 公开、直率地告诉大家你想要做什么，让每件事都透明地公开在台面上。

2. 告诉大家为什么——你做这件事情的动机和意图是什么。大部分管理阶层很不擅长处理这件事，不过，如果你能够说出你背后的用意，别人的反应会有很大的差别。

说出意图可以让别人信任你，因为人们习惯依据意图来评断一个人。公开、直率说出你的意图，就可以影响别人对你做这件事的看法。公开表明意图的好处如下：

◎在协商中表明意图可能会改变局势。不要以敌对的身份进行协商，当你说明意图之后，协商就有可能朝着双赢的局面发展。

◎表明意图可以让效果倍增。在讨论的一开始，就简单明了地说明你想做什么，就不必拐弯抹角，而能更快集中于焦点。因为如果大家都知道最终的成果是什么，就不用浪费时间猜想你所说的话。没有隐藏的意图，讨论就可以快速进行。

◎此外，开诚布公地告知大家你的意图也可以让你更快、更容易赢得他人的信任。愿意向员工公开账本的公司通常跟工会在协商的时候，不会遇到什么麻烦。因为每个人都可以看见自己的未来。

相反，如果你不直截了当地说明自己的意图：

◎人们会怀疑你是不是有什么他们需要小心提防的隐藏企图。

◎人们可能会在根本不知情的情况下，朝着相反的目标努力。

◎人们将无法评估你的信用，无法依据充分

的信息作出决定。

◎你跟他人之间的信任度可能会下降，因为你迫使他人依据不准确的信息来作出判断与决定。

很显然，当相关人士都想要建立合作关系并创造双赢局面时，表明意图是建立信任的最佳方式。如果你的意图是不惜一切代价也要达成目的，那么你最好修正你的企图之后再公布给大家。没有人会因为你强烈的求胜欲而怪你，但恐怕他们也不会希望自己成为牺牲品。

有的组织会通过订立使命、价值准则、愿景来说明自己的意图，有的组织则会通过宣示、承诺、官方声明、组织章程或立誓等方式来说明他们希望努力的方向。例如，哥伦比亚商学院的毕业生在毕业典礼上，都必须立下这个誓言："身为哥伦比亚商学院的终身成员，我将遵从拥护真理、正义与尊重他人的信念。我不会说谎、欺瞒、盗窃，也不会容忍做这些事的人。"

当你假设一起共事的人都拥有良善的动机时，表明你的意图还会产生另一件有趣的事。世界上许多成功的领袖都是这方面的高手，他们信任别人，并因此开启许多原本不存在的可能性。这并不是要你凡事都不假思索，而是要你在一开始的时候，先相信他人，直到事态清楚显示你不能信任时才停止。认为别人动机良善的假设，可以使你获得高度互信的合作关系。

关键思维

我觉得我应该重申我的意图，并解释背后的原委。首先，我承诺在我有生之年或去世之时，会把 99% 以上的财产捐给慈善团体……我的家人还有我自己对于我们拥有这么惊人的财产，并不感到罪恶而是感激。如果我们把 1% 以上的财产用在自己身上，我们并不会变得更快乐或更幸福；但如果我们把其余的 99% 用在别人的健康和福祉上，却会产生莫大的影响。这个事实为我

以及我的家人，指引了一条明确的道路：留下足够的钱以供生活所需，然后把其余的都捐给社会，交给有需要的人。我的承诺就是我们往那条道路前进的开始。

——沃伦·巴菲特，美国投资家、慈善家

信任对于一家公司来说就如同氧气对人一样。如果氧气不足，它可能造成的影响——对于员工和顾客来说都一样——就好比飞机的机舱失压一样。加上现今推特时代的病毒式传播，情况将更加恶劣。尽管高科技的浪潮似乎永无止境，但让我感到欣慰的是，就算是在今日的社会，信任度及透明度仍然可以借助低科技实现：只要领导者好好地站在房间里，尽自己的所能倾听并给予清楚、坦率的真相。

——邵思博，德勤首席执行官

你的动机是善是恶？

——瑟古德·马歇尔，美国最高法院前大法官也许有的人会说，这种做法太天真了，但依据我们观察的结果，不管是优秀的领袖、团队还是优秀的公司，都是从那样的前提出发，并且身体力行。那些一开始就假设别人意图不轨的人，也总是让事情演变成他们害怕的局面；他们破坏了得到富足、活力与快乐的机会，交易常常以失败收场。分析某一个特定的情况时，我们可能会发现某个人不值得信任，又或者是风险太高，最好不要假定对方的意图是良善的，或是应该更加留意事情发展的进度和速度。然而一般来说，假定同事、团队、组织、伙伴、供应商、配偶、孩子，以及其他人的动机良善，显然是一件比较好的事——你可以从一个富足、充满活力与快乐的地方出发。

——柯维　林克

行动 4　说到就要做到

世界上每个国家、组织、宗教还有民族，都非常重视“言行一致”这件事，说出口了就要真

的去做。言行一致是人类建立信任的共通元素，可以证明你是个正直可靠的人。这方面比较随便的人，就会被人投以怀疑、不信任的眼光。成功的领导者与组织了解这件事，所以他们会非常小心让自己做到言出必行。

如果你总是言出必行，你就可以得到他人的信任。如果你可以做得更多，那更好。你必须要很小心才能做到这点，不要轻易许诺，也不要太常许诺。下面的 SayDoCo 可以帮助你理解这个概念：

Say:
告诉大家你要做什么

Co:
如果发现无法履约，
请跟对方沟通

SayDoCo

Do:
完成你承诺的事

关键思维

SayDoCo 是组织的命脉，也是决策速度（做决定时的速度与准确度）与执行的关键，是人们如何一起行动取得可预测、可持续的成果的方法。人们做到 SayDoCo 的时候，自然会得到更多授权、更多参与、更多信任，也更加负责。人们没做到 SayDoCo 的时候，这些提高绩效的要素就会减少或消失。

——艾伦·范恩，作家、顾问

贯彻执行你说你会去做的事。信誉是一点一滴累积起来的，是你过去所说的话跟所做的事的总和。

——玛莉亚·罗斯密企查克，香港上海大酒店区域副总裁

言出必行之所以重要是因为它攸关你的个人品牌。在这个信誉经济的年代，言行一致可以让你赢得他人的信赖。想要赢得信誉，你就要做到自己所保证的话。如果联邦快递告诉你“绝对隔

夜送达”但却没有隔夜送达，那么那句口号将完全没有意义。成功的公司会提供让人可以信赖的品牌保证，而且永远都会做到给客户的承诺。

关键思维

几乎不管是什么产业，获利最丰的正是那个最受信任的品牌。

——赛斯·高汀，作家、营销大师

不仅公司需要建立使命必达的信誉，你的个人品牌也紧系于你言行一致的程度。做到这点便能建立并增进别人对你的信任。

关键思维

我很少对人爽约，因为爽约会毁了信任。没有了信任，人与人之间就无法建立关系。我们对自己也是一样的，如果我们总是对自己爽约，那么很快地你就不会再相信自己所说的话，比如：

“我每天会健身 1 小时，而且永远不再吃不健康的食物。”

——奥普拉·温弗瑞，美国电视名人

帮助自己说到做到的一个办法，就是对别人许下承诺。企业顾问马歇尔·葛史密斯的工作包括协助高级主管成为心胸更开放的听众，他的办法是每次那些主管说话的时候，如果句子一开始就是“不能”、“但是”、“可是”等字眼，就要罚 20 美元，结果几年下来，葛史密斯募集了超过 30 万美元的慈善基金。这些主管有改变自己的诱因，是因为他们不喜欢输（即使只是区区 20 美元），而这就足以让他们开始改变自己的行为。

关键思维

我会花这么多精力，去找出成功人士在人际关系上所面临的挑战，是有原因的。人爬得愈高，他们的问题愈常发生在行为方面。所有位于

组织高层的重要人士都拥有完成工作所需的能力，他们全都是聪明人，全都能在技术层面上达成他们的职位的最新要求……那也就是为什么在企业金字塔的顶端，行为问题变得这么值得重视的原因。

——马歇尔·葛史密斯

言出必行之所以那么重要的真正原因，在于你的行为会增强或削弱别人对你的信任程度。我们或许会根据动机来评判自己，但别人在评判我们的时候，通常是根据我们的行为。当我们所做的事符合我们所说的话的时候，事情就完美了，人们会更信任我们。

要提高别人对我们的信任程度，你必须：

◎有话直说 ——有什么就说什么。如果你能用简单的语言让别人了解状况，你就能展现出你的诚信。

◎营造透明开放的气氛 ——亦即你要用别人能自行求证的方式陈述事实，营造出公开、可靠的氛围。人们喜欢“眼见为实”的感觉。

◎表明你的期望——开诚布公、详加讨论、确认目标，然后让事情成真。千万不要假设所有人的预期都会一样，请清楚说明你希望完成什么事。

◎遵守你的承诺——这是一种美德。如果因为某种理由你无法遵守你的承诺，请好好沟通或重新进行协商。

如果你能够持之以恒地在一段期间内，都做到言出必行，你最终将会胜过你的对手。这是一种非常好的竞争优势。

关键思维

我识人的标准在于他们的行为，而非言词。

——乔治·巴克利，3M董事长及首席执行官

言语跟行动不分家的时候，才会产生力量。

——汉娜·阿伦特，德国政治理论家

我们说到做到。

——李维斯牛仔裤公司守则

许下承诺可以带来希望，遵守承诺可以累积信任。

——罗杰·梅瑞尔，作家

一家公司的品牌就和一个人的声望一样，努力完成困难的任务就可以赢得商誉。

——杰夫·贝佐斯，亚马逊创始人及首席执行官

行动 5　带头信任他人

增进“聪明信任”的一个最好办法，就是给别人一个机会。当你给别人一个机会时，通常对方会被感动、会想要好好表现，也常常会以同样的方式回报你。当你信任别人时，也会大幅提升对方的能力与自信。

关键思维

这不是选择相信而已，而是因相信而选择这样做——采取行动、放手一搏。相信一切都会

有代价，是让人有勇气和信念这么做的原因，也是领导人要带头做的工作。

——柯维　林克

采取“聪明信任法”为何是明智的做法？以下是3个关键的理由：

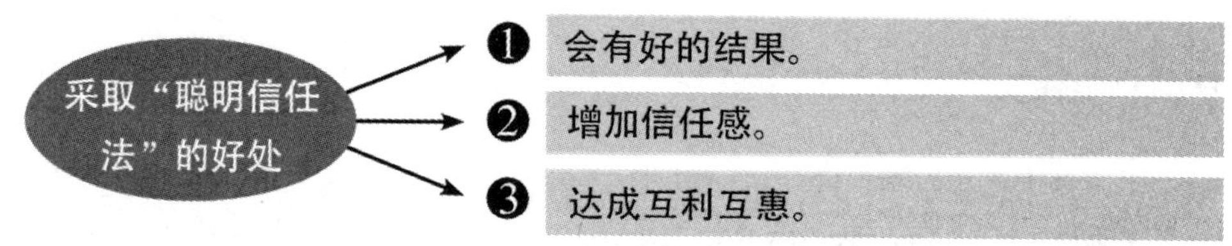

1. 当你采取“聪明信任法”时，人们就会受到鼓舞，他们会全力以赴，并深受激励。被信任是人类所有动机之中最有力也最持久的。

2. 采取信任便会提升信任度，这是再简单不过的道理，但更直接的动力是受到激励的人，通常也希望自己值得那份信任。因此你信任别人，也是在帮助他们提升自己的能力。

3. 信人者人恒信之。同样，如果我们不信任别人，人们也会回报我们同样的态度。研究显示，让人

们处于高度信任的状态时，生产力会“三级跳”。信任他人可以开启向上提升的正向循环，带来深远的影响。

另一件值得注意的事则是，领导者必须成为那个率先交付信任的人。如果你无法对别人产生及交付信任，那么你不可能成为真正的领导者。领导者必须负起“发动”的责任，让组织内充满更多的信任。在这方面，3M 公司是一个很好的例子。从 1948 年营收 2000 万美元成长到 2012 年营收 266 亿美元，就是来自 3M 公司 1948 年下定决心采取更多信任策略所产生的威力。

关键思维

随着企业的成长，授权和鼓励同仁更加积极也变得愈来愈重要。这需要很大的宽容度。那些被公司委以权责的员工，如果是优秀的人才，通常想要依照自己的方式来做事，但是他们必会犯错。然而，如果他们基本上是对的，他们所犯的错误从长远来看，比起管理阶层明确指示他们应如何工作所犯的错误，就显得微不足道。如果他们一旦犯错，管理阶层就严加苛责，那么原创性就会被扼杀，而如果公司要不断成长，我们就必须拥有许多富有创意的人才。

——威廉·麦克奈特，3M 总裁（1948 年）

所以你要如何妥善运用“聪明信任法”呢？很显然你必须有勇气克服必要的风险。让我们再看一次信任矩阵图：

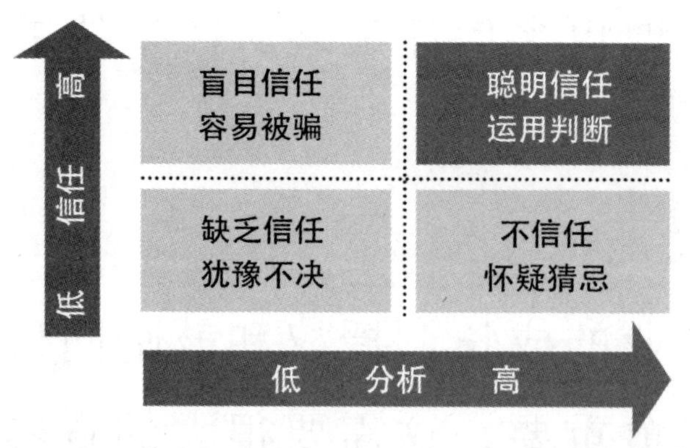

想要抵达矩阵右上角，关键在于习惯相信他人，并结合一个可靠的分析，清楚了解机会、风险与信誉。你必须假设别人动机良善，除非你有

很好的理由不这么做，然后用持续的分析来支持你的决定，告诉你这样做行得通。要取得适当的平衡是一种艺术，而不是科学的计算，但只要这么做就能产生惊人的成效。

你一定得做的一件事，就是创造一个视“聪明信任法”至上的文化。这听起来可能有点冒险，但真的行得通：

◎美国康乃迪克赞恩自行车店让顾客可以任意试车，不需要留证件或押金。赞恩自行车店的年销售额为 1300 万美元，一年失窃大约 5 辆自行车，却卖出 5000 多辆自行车。

◎丘博保险集团信任员工，让员工自行决定工作时间，结果生产力增加了 10％。

◎优比速让自己成为值得信任的供应链伙伴，而不只是货运公司，结果业务大幅增长。

◎克利夫兰医疗中心让病患可以在网络上查询自己的病历表与医疗记录，包括医生的注记。《美国新闻与世界报道》连续 15 年把克利夫兰医疗中心评为在治疗心脏病方面全美排名第一的医疗机构。克利夫兰医疗中心之所以能以远低于全美平均的费用，提供高品质的医疗服务，都是因为那份信任。

◎伯克希尔投资公司通过一个只有 21 人的总部，管理超过 77 家旗下投资的公司（其中许多企业的营业额超过数十亿美元）。伯克希尔的正副董事长沃伦·巴菲特与查理·芒格，信任旗下公司的经理人会做正确的事。

采取“聪明信任法”来信任他人的确可行。不管你现在处于哪个阶段，只要从今天就开始行动，你的富足、活力与快乐程度都会升高。

关键思维

一旦你信任别人，他们就会开始靠近你，你会看到他们最好的一面。你看到他们最好的成果，他们也会展现出最佳的一面。如果你有 5 万个员工都这么卖力，结果肯定很棒。

——艾尔·克雷，菲多利休闲食品公司首席

执行官

老板要做的事——或者说领袖要做的事——就是让事情能够顺利进行，而不是去掌控一切。你必须信任他们，放手让人们去做他们的工作。信任员工是最强大的领导能力。

——戈登·伯舒恩，美国大陆航空公司前首席执行官

如果你不能信任人，你还能信任谁？

——约翰·威特库姆

三　如何创造你自己的“信任复兴运动”

今天我们需要的是信任的复兴，而最好的出发点就是从我们自己开始。

关键思维

一小群深谋远虑、坚定不移的人，就可以改变这个世界。永远不要怀疑这点。没错，世界一直以来就是这样被改变的。

——玛格丽特·米德，美国人类学家

虽然这听起来实在不太像是真的，但所有革命的起点，都只是一两个关键人士脑子里的想法和意图而已。一小群人就可以让社会产生巨大的变化，甚至可以改写历史。

今天我们需要的是信任的复兴，而最好的出

发点就是从我们自己开始。一旦开始，我们可能无法预测“聪明信任法”可以把我们带到多远的地方，但它的确可行。

关键思维

几年前有一场音乐活动，在德国达姆施塔特的教堂，我们需要把一台演奏型的大钢琴从礼拜堂搬到隔壁的文化中心。我们中没有人是专业的搬家工人，要把那个庞然大物从礼拜堂搬到文化中心，感觉几乎是一件不可能完成的任务。每个人都知道这项任务不但需要力气，而且还需要谨慎小心的协调。大家想出了很多点子，但没有一个方法可以让钢琴不倾斜。大家不断依照力气、身高、年龄等条件调来调去，但全都徒劳无功。正当大家围在钢琴旁边不知所措的时候，我的一个好友开口发表意见。他说：“大家尽量靠近，然后原地往上抬。”这个方法听起来太简单了。但是，当每个人都站在原地往上抬，钢琴就被搬了起来，然后顺利移到了文化中心，就好像钢琴自己在动一样。这个难题的答案就是这么简单，大家只需要紧紧站在一起，然后在自己的位置上一起用力就对了。

——迪特·邬希铎，德国汉莎航空公司前首席飞行员

推动“信任复兴运动”的关键，就是从你个人和专业所在的位置上着力——从你个人的生活、职业生涯，以及与团队和组织的互动开始做起，例如：

1. 选择相信信任的力量，让事情更顺利。
2. 从自身做起，相信自己值得信任。
3. 声明你的意图，永远都假设别人的意图是良善的。
4. 贯彻到底，永远说到做到。
5. 率先主动采取“聪明信任法”来信任别人。

关键思维

不论是在哪一个团体、公司或社会，增加信

任度只有百利而无一害。

——托马斯·弗里德曼，普立策新闻奖得主

在宇宙留下刻痕。

——史蒂夫·乔布斯

很少有人有能力单独一人改变历史的走向，但我们每一个人都可以想办法改变事情的一小部分，而我们力量的总和，将会被写进这个时代的历史。

——罗伯特·肯尼迪，美国司法部长（1961—1964年）

我只有一个人，但我仍然是一份力量；我无法做到所有的事，但我仍然可以做到一些事；正因为我不能包办一切，所以我不会拒绝做我能做到的事。

——海伦·凯勒

多棒啊，无须任何等待就能开始让世界更美好。

——安妮·弗兰克，《安妮日记》的作者

过去历史上只有2种基本方式可以集合众人之力，那就是官僚体制与市场机制。然而在过去的 10 年里，我们又多了第 3 种方式 ——网络。

——加里·哈默尔，作家、伦敦商学院教授

萧伯纳曾经说过，对他来说人生并不是一根“短蜡烛”，而是一把“耀眼的火炬”。他要在“递交给后代子孙之前，尽量耀眼地燃烧”。对我们来说，“聪明信任法”就是一把我们想要尽量燃烧的耀眼火炬，但我们不只要把这个方法交给后代子孙，也要让现在的人能善加利用，让大家能获得更好的结果、拥有更大的热情，并体验到更多的快乐——换句话说，我们想要创造富足、活力与快乐。这是我们的渴望，也希望你能够加入我们，跟其他许许多多的人一起变成火种，一起发起全球的信任复兴运动，一起为世界各地的人谋福利。

——柯维　林克

信任与信任账户

“信任”是个人与企业最重要的资产，包括5种形式，是联系内外、成本效益最惊人的渠道。失去信任，整个世界都将瓦解。信任他人并且赢得信任，已经成为职场与商场上必备的专业能力，只是信任不能光凭口说，你必须学会怎么用行动建立信任。

信任

“信任”这项议题，近年在企业界受到高度重视，世界经济论坛创办人施瓦布曾说：“‘信任’从来没有像现在这么广受全球瞩目。信任讨论的议题包括：信任企业、信任个人、信任公共机构，以及信任政治和国际关系。然而，信任不是凭空而来，对工商企业而言更是如此。信任必须靠人去创造、细心呵护才能维持不坠；也必须奠基于坚实的道德基础。少了这些基础，大众信心和公众信誉就会持续崩解。眼前的挑战是，要怎么建立透明的道德准则作为企业的基础，让企业营运能够提升大众信心。”管理学者认为，企业的信任关系良好，小则可以减少冲突，大则能提升生产力并促进销售。研究人员也发现，信任不只限于企业与员工之间，企业与供应商、企业与经销商之间，都有信任的问题。美国克莱斯勒汽车公司在 20 世纪 80 年代挑选供应商的方法是通过比价，以取得最低价格为主要考虑，因此公司与供应商的关系，只是通过契约来维持，彼此之间存在着严重的不信任与怀疑。结果，1989 年第 4 季度，克莱斯勒损失 6.04 亿美元。克莱斯勒后来改变策略，取消投标制度，把有诚意、有能力的供应商加入到研发团队中，供应商与克莱斯勒的关系，从敌对变成合作伙伴，创造了超越对手的获利空间。

信任账户

在针对非营利组织的“诚信培训课程”中，有个“信任账户”的概念。课程中提出，一个人对别人的信任来自于两项特质，一是基于品德，一是基于能力，或二者兼有。所以个人或组织如果能够在品德和能力上进账，就是在信任账户中存入最大的资本。有些销售人员过去给人负面印象，很大部分原因就是成交前说的是一套，当消费者购买产品后做的又是一套，当交易完成，承诺也烟消云散了。要长期经营与顾客的关系，就必须改变这种做法，采取“保守承诺、超凡实践”的方法经营顾客。摩托罗拉香港总裁兼香港、台湾移动通讯终端部总经理卢健生曾说：“营销高手的‘秘诀’其实只有一个原则，那就是信任。”卢健生认为，维护客户关系需要花很长的时间，但破坏它却只是一瞬间的事情。如何使客户信任自己？在他来看，就是永远不要过度承诺，做得到才说能做什么，不要对客户做出无法实现的承诺，还要永远对客户表达愿意帮助的积极态度，这是让他成功的最重要的信念。

合作要恰到好处

Collaboration

How Leaders Avoid the Traps,
Create Unity, and Reap Big Results

原著作者简介

摩顿·汉森（Morten Hansen），毕业于美国斯坦福大学，曾任教于哈佛大学商学院，也曾任波士顿顾问集团资深管理顾问，现为加州大学伯克利分校、法国 INSEAD 商学院管理学教授，也是邀约不断的演说家。汉森深入研究合作议题 10 年以上，并成立了自己的顾问公司。

本文编译：王约

主要内容

关键词解读

严谨合作

协同合作的概念在企业界已经推广许久，被许多主管视作企业成长的万灵丹，本章作者却提出不同的看法，认为业界已过度或误用合作的概念。玩扑克牌的朋友都知道，拿了一手好牌赢的可能性当然比较大，却不是赢牌的保证，相对的，拿了大老二却没有适当运用，输掉的筹码反而还要加倍。

妨碍合作的因素有很多，有时候是因为公司文化过于强调个人表现，让团队成员不愿倾听其他人的新想法或建议，以致无法随着情形不同而适时作出弹性调整，更会让成员不愿和团队分享资源，进而丧失团队合作的加分效果。

优秀的公司懂得善用协调制度，在不伤害彼此的情况下竞争，这样对团队有利，对个人也有帮助。以产品设计闻名的IDEO公司就是很好的例子。IDEO的主管经常召开良性竞争的动脑会议。设计人员可在会议上将最有创意的点子提出来，每个点子都被张贴在墙壁上。想出好点子的人会在会议中受到表扬。设计人员于是把彼此当作标杆，尝试超越彼此的表现。但是，会议上规定，设计人员不准批评他人的点子，以避开恶性竞争。

然而，这种方法并不适用于所有公司，也未必能解决所有的合作问题。许多企业依然存在合作的障碍。但是如果领导人懂得严谨合作的理念，就能够适当评估何时该合作，以及何时不该合作，并培养起组织成员的意愿和能力，使其在必要时能够通力合作。

有一个电视节目非常适合诠释严谨合作的概念，那就是烹饪真人秀节目《地狱厨房》。几乎所有的真人秀节目，都只强调竞争的部分，但是当战场转移到厨房，参赛者必须开始学着如何合

作，才能赢得最后的胜利。通过这个节目，大家可以看到在厨房的合作是一种非常奇特的关系。

合作为何如此困难？在《地狱厨房》里，每个参赛者都是为了最后的冠军而努力，一旦出了差错就会被淘汰，所以个人的表现就非常重要。但是在厨房，合作也是同样重要，顺利把菜送出并且服务全餐厅的客人，需要每位厨师互相沟通、支援、配合上菜。

当每个人只想在自己的工作范围内表现出最好的一面，就有可能陷入埋头苦干、不顾队友的情况，而且当其他参赛者表现不好、更是对自己晋级的一大利好时，袖手旁观的情况也愈明显。然而，吊诡之处就在于，领导一个厨房必须整合每个人的力量，没有团队意识的参赛者，当然也不会被主厨青睐，而且部分工作确实需要队友的协助才能完成。所以参赛者有时必须与他们比赛中的敌人、同时也是工作上的队友合作。

拉姆齐主厨是这场比赛的评审，也是厨房的

最高主管，他为了加强参赛者之间的合作，会不断用吼叫的方式要求参赛者持续沟通。因为主厨要求同一桌的主菜要一齐送出，所以每个人必须不断报告，并告知队友自己的菜距离完成还有几分钟，其他人需要加快或者放慢步调以达到一致的出菜时间。

拉姆齐主厨运用持续的沟通解决厨房里的合作障碍。光是沟通就可以解决许多问题，例如食材运用不当、食材短缺的快速应变、烹调速度的调整、工作台人力的支援。同时主厨又要求参赛者不能过度依赖队友，每个人都必须主导自己的工作区，可以要求协助，但绝不能拖累整个团队。这样的做法又成功节省了人力，避免了两人同时处理一个工作台会发生的争执和手忙脚乱的状况。最重要的是，拉姆齐主厨不断给员工灌输明确的共同目标，就是准时出菜及完整的餐点服务，并且能在领导团队时，快速地发现并解决问题，让团队的战斗力能够维持在最佳状态。

严谨合作的意义

协同合作的概念人人都爱，可是很多人有时却会弄不清目标。合作的目标并不只是打破门户之见，让大家携手共事而已。这样的目标当然很好，可是合作必须要能缔造成果，才会有价值，而且合作还必须要严谨、有实效。严谨的合作会强化个别成员所能达成的成果，而合作不力则会比根本不合作还糟糕。

要评估何时该合作、何时不该合作，必须经过3个步骤：

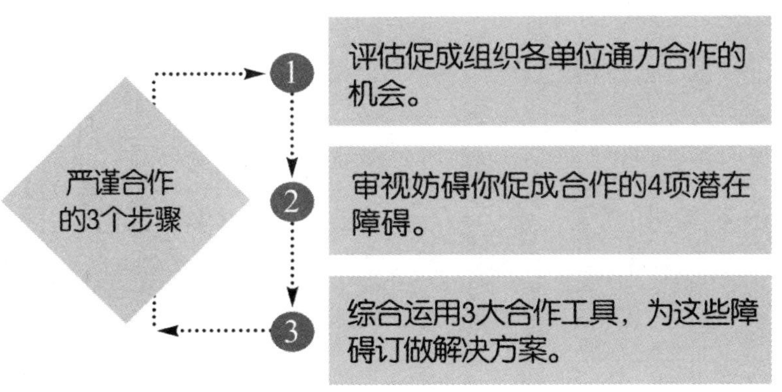

关键思维

适当的合作和不当的合作有什么分别？我的解答是一套我称为“严谨合作”的原则。不论我们是企业主管、非营利组织领导人、政府官员、地方首长还是校长、医生、律师、教会领袖，这套原则都能够用来回答我们大家面临的一个简单问题：该如何营造出适当的合作，让我们得以达成独自难以实现的卓越成就。

——汉森

严谨合作的概念可以归纳如下：这是一种领导作为，能够适当评估何时该合作以及何时不该合作，并培养组织成员的意愿和能力，使其在必要时能够通力合作。

——汉森

一　评估促成组织各单位通力合作的机会

检视："合作的潜在效益是什么?"要记住，合作的真正目的不是要促使大家携手共事，而是要缔造更佳的成果。花点时间去想想，合作的潜在利益是否值得你花心力促成合作。

利益通常不外乎下列几个方面：

◎ 企业——创新、开发新顾客，以及降低成本。

◎ 政府和非营利组织——绝佳的专案成果、更优越的决策。

◎ 立法者——解决众人重视的问题。

协同合作的概念人人都爱，听起来很棒，也确实为其他人带来了不可思议的成果。从商业角度来看，致力促成合作的3大潜在效益，既明显又有吸引力：

1. 和不同的新对象合作，比一个人独自构思更能激发出创新成果——你可以结合彼此现有的资源，得出更好的构想。

2. 可以提高销售业绩——更精确地说，你可以通过交叉销售，将不同产品销售给各个合作对象的现有顾客，借此增加营收。就内部而言，一个单位可以销售商品给另一个单位的顾客；从外部来说，一家公司可以销售商品给另一家公司的既有顾客。另外也可以通过合作的方式，将各种产品组合成套装来销售。

3. 合作还可以用来降低成本或提升决策品质，让营运更有效率——公司内某个部门曾运用过的解决方案，可以转移到其他部门，以发挥同样的效果。

合作可以创造财务机制上的 3 大效果：

更棒的是，当这3种效益同时产生时，会大大增加公司获利。举例来说，假设有一家公司：

◎营收每年成长3%。

◎成本每年降低2%。

◎在3年间资产效率提升2%。

结果该公司的股东权益报酬率增加了25个百分点，这就是合作为整体财务绩效带来的重大贡献。虽然通过严谨合作所能创造的价值确实会因企业而异，但是其潜在效益还是相当有吸引力的。

协同合作之所以会广受媒体好评，原因其实不难想见。许多企业深信，合作是可以治百病的万灵丹。但愿事情真有这么简单，实际上，现实总是有点模糊不清，一不小心大家就会高估了合作的潜在价值。

这听起来可能有违常理，但要想成功运用合作，关键就是要懂得何时该拒绝合作。如果你能懂得什么时候不应该合作，并且回绝没有扎实证据支持的合作案，就能让你进行的合作案更有机会成功。

想决定是合作还是不合作，必须计算每一个合作提案的“合作溢酬”，其计算公式为：

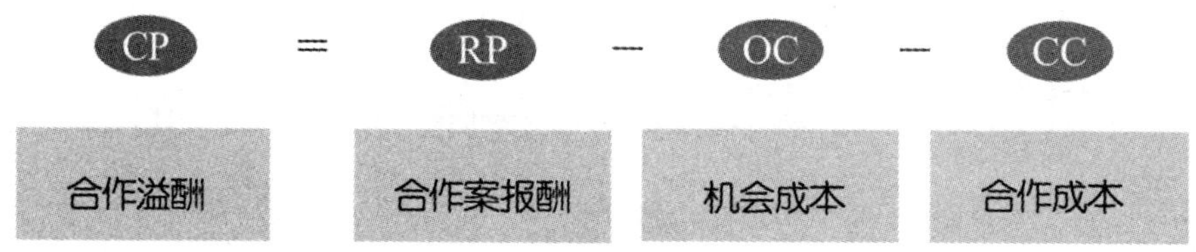

详述如下：

合作案报酬——合作提案所能带来的净值。

机会成本——组织为了投入资金于合作案，所必须放弃的净现金流量。机会成本就是以下这个问题的答案：“如果将投入于这个合作案的时间、精力和资源运用于他处，我们可以从事什么获利活动？”

合作成本——努力促成各单位合作，为了争论各种细节所花费的时间和精力，混乱状况、延迟以及预算超支等问题，所造成的负现金流量。

合作溢酬——由此可以看出你到底应该着手

进行合作案，还是该加以回绝。显然，如果合作溢酬是正数，就表示应该放手去做；如果合作溢酬是负数，那么最好对这个合作构想敬谢不敏。

杰出的领导者会竭尽全力使合作成本尽可能减少为0。减少合作的内部障碍，甚或最好能将之完全排除，那么合作溢酬就更可能会是正数。愈多人懂得如何进行合作愈好。

关键思维

人往往会被合作的想法牵着鼻子走，以为这样可以获得很多好处。但是，高估合作的好处并不正确，而低估合作的好处也同样不正确。若领导者误以为公司上下通力合作没什么好处，就会错失大好的机会。有时候领导者会担心，合作会扼杀公司各单位所享有的创新空间。他们误以为合作的潜在收获，比不上所损失的创业精神。

在复杂的组织活动中，有效合作常常是成功的必然要件。明智的经理人一不小心就会错用了合作，而事实上，许多企业都陷入了各种合作的陷阱之中。

——汉森

二　审视妨碍你促成合作的 4 项潜在障碍

确定合作是值得的之后，接下来就要问：“促使大家合作最可能遭遇的障碍有哪些？”

有 4 种障碍会一再出现：

1. “排他”障碍——不接触其他人。

2. “藏私”障碍——统统留给自己。

3. “搜寻”障碍——到处都找不到所需要的协助。

4. “移转”障碍——我们只跟熟识的人共事。

上述这 4 种障碍必须加以克服，才能达成严谨而有效的合作。

在大多数组织之中，合作通常不会自然而然发生，因为大家都十分专注于达成各自的目标。这样的结果是由奖励绩效优异者、惩处绩效不彰者的激励措施自然而然造成的。

4大合作障碍常常会一而再、再而三地出现，分别是：

合作障碍 1

"排他"障碍

- 自我封闭的文化，鲜少跟外界沟通。
- 没人想超越现有的界限。
- 称赞并偏好自立自强。
- 成员不敢承认自己的问题。

每当组织内成员不愿意跨出自己的单位，去寻求合作所需的意见和协助时，就会产生排他的障碍。这主要是动机的问题，即使努力去接触他人非常有益，大家还是不愿意这么做。造成这种心态的因素有以下几项：

◎ 你的组织成员很可能太习惯彼此共事，结果自我封闭，把自己隔绝在其他可能性之外。事实上，一个单位在过去享有的成就愈高，自我封闭的心态就愈可能盛行。

◎ 有时候，要一个成功的单位为了新的构想，去接触不成功的单位，是很不容易的。因为

那和公开承认失败没什么两样，所以很难做到。

◎ 当这种盛行的文化加诸单位成员之上，要大家管好自己的事，而且要非常自立自强时，成员就更不可能寻求他人的援助了。

◎ 承认自己在某方面表现不佳，可能会害怕别人视此为彻底的失败。即使要寻求专家的协助，还是得向对方展现出自己的弱点。因为这会让他们对你加以评判，所以很多人会想尽办法避免这种情况。

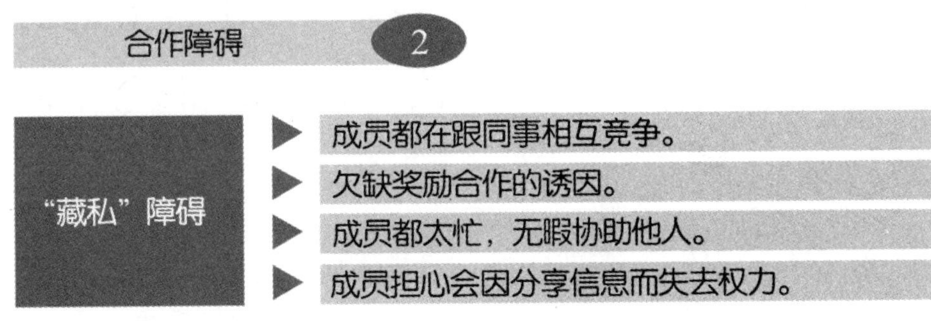

藏私在组织中也经常发生。成员会保留资讯、协助、时间和精力，或者有时候答应要帮忙，结果却想尽办法推脱。同样的，造成藏私的原因，往往不会只有一个：

◎ 如果大家都在竞相争取资源、升迁机会，甚至是开发特定科技的权力，自然就会产生藏私的状况。没有人会想要在无意间帮助竞争对手扶摇直上。

◎ 一般说来，大多数组织都会制订单位导向的奖励措施。成员都很清楚，只要做好自己分内的工作，就能获得奖励。合作所能带来的实质奖励并不清楚，因此大家宁可固守已知的部分。

◎ 如果你太忙于努力达成自己的目标，就不会有太多自由时间可以投入其他地方。这其中有个简单易懂的状况就是，投入合作案上的时间愈多，自己工作的进度就落后愈多。很多人因此不愿意这么做。

◎ 有些组织里有一种潜规则：“知识就是力量。”大家会认为，你知道愈多别人不知道的事情，你的权力就愈大。如果你觉得分享自己的智慧会让自己居于劣势，而且会减损自己的价值，那么你自然不愿意这么做。

合作障碍 3

“搜寻”障碍
在大公司里很难搜寻构想。
空间距离使得搜寻不切实际。
成员可能会受信息超载之苦。
几乎没有人经营人脉。

即使大家准备合作，也愿意合作，有时遇到问题，成员却很难找出组织内有谁能解答。有些研究显示，创新团队几乎耗费了1/4的时间去搜寻资源，以设法找到可行的技术知识，或其他有用的资讯。不论要进行何种合作，寻找都会大量消耗生产力。

搜寻的困难，常常是下列几项因素共同造成的：

◎ 如果你任职于大企业，要得知其他单位在进行什么事务或拥有什么资源，可以说是难上加难。企业规模愈大，东西就愈难搜寻和找到。

◎ 大家一般都比较喜欢与在自己附近的人共事和互动。如果你人在纽约，结果发现设在冰岛或印度尼西亚的单位有一些构想可能有用，要你跑一趟亲自去了解，就有实质上的困难。你很难要老板在可能没有收获的情况下，支付你差旅费。向远在天边的单位寻求知识，不仅不方便、所费不赀，而且不切实际。

◎ 企业为了协助员工聚集知识，建构了资料库、内部网络等各式各样的知识管理系统。这些都是绝佳的资源，可是如果相关系统过多，就会产生资讯超载的风险。吊诡的是，资讯超载会使得搜寻更加困难，你很难找到合适的资讯，因为有太多杂音和干扰。

◎ 由于大家都忙于自己的工作，很少人有时间或意愿经营人脉，这真的很可惜。人际关系好的人能够非常容易找到他们想要的东西，可是能够被视为人际关系好的人，人数正在急遽下降。

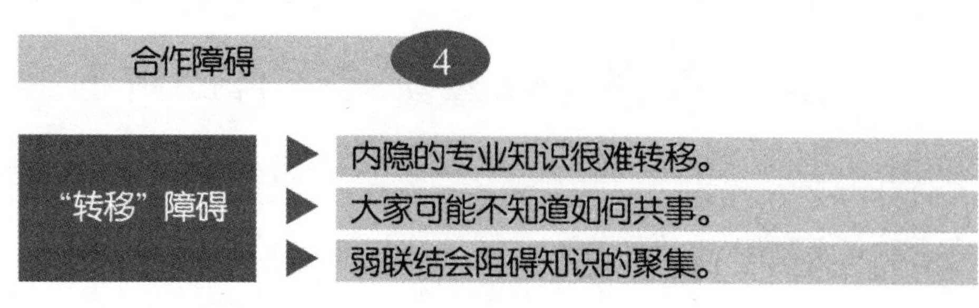

如果不同单位的成员不知道该如何共事，他们就会觉得自己的专业知识、专业能力和技术很难转移，即使他们非常乐于共事，情况也一样。造成转移障碍的因素包括：

◎ 你所具备的专业知识可能是隐性的，也就是说很难清楚描述。如果是这样，你很难将知识传授给别人。要真正了解你所说明的内容，他们必须经历你经历过的亲身体验。但是，在商业上谈直觉和第六感，都太不具体了。

◎ 如果没有共通的合作框架，那么知识转移几乎也是不可能的。要能共事，你必须了解对方的工作习惯、喜好、方法、优先事项等等。如果缺乏这样的沟通结构，就不会有合作。

◎ 如果双方对彼此都不了解，就会形成所谓的“弱联结”。在这种状况下，双方将无法顺利共事，因为他们使用的语言不同、用以描述问题和解决方案的用语不同，无法沟通细节。要达成合作，必须有强联结，而强联结的人际关系通常要靠成员频繁沟通，并且有共事的合作关系与经验，才有办法建立。

关键思维

成员为什么不愿意向外寻求援助？很多时候是因为他们认为没有必要。可是有时候，请教他人的意见，不论是一个忠告还是技术转移，都有可能让成员得到很大的收获。这个动机问题，是由好几种因素共同造成的。

不同的状况有不同的障碍，领导人必须先评量组织存在哪些障碍。不这么做，就如同在黑暗中射飞镖，你根本不知道自己在射什么。

——汉森

三 综合运用 3 大合作工具，为合作障碍定做解决方案

了解到你面临哪些障碍之后，就可以着手量身定做解决方案。

大多数的解决方案都综合运用了下列 3 种工具：

1. 团结工具——让所有成员朝崇高目标努力。

2. T 形工具——单位内和跨单位之间同步努力。

3. 人脉工具——促使成员运用人脉。

要为合作障碍找到解决方案，领导者可以选用以下 3 种工具：

团结心力——你可以建立核心的共同目标，或是说明团队合作的核心价值。基本上来说，就是要发挥领导地位的影响力，宣示组织高度重视并期许团队合作。

T形管理——你可以让成员了解，他们必须把各自单位缔造的成果，和跨单位合作的成果结合在一起。

经营人脉——可以鼓励成员发展并强化正面的跨单位关系。建立灵活的人脉，就可以促进搜寻，并减少潜在的转移问题。

根据经验法则，工具 1 和工具 2 一般最常用来处理排他和藏私两种障碍。这两种障碍之所以存在，是因为大家不愿意合作。要克服这一点，就得找出各种方法鼓励大家合作。工具 1 和工具 2 可以帮助你选择合适的人才，使相关人员培养出正确心态，克服不愿意合作的状况。

工具 3 通常用来克服搜寻障碍和转移障碍。克服这些障碍和激励或心态几乎无关，比较重要的反而是，要建立有助于提升整体效率的绵密人脉。

（一）团结心力

领导者要如何团结众人的心力，使成员携手合作？有3个基本机制可以运用：

1. 拟定核心的共同目标——内容要简单明了又要有吸引力。你应该驱策成员矢志投入超越个人目标的共同志向。悉心拟定的共同目标要符合以下4项明确的标准：

◎ 目标要清楚陈述共同使命，而这个使命必须是所有组织成员都认同的伟大成就。例如美国前总统约翰·肯尼迪的名言："我认为，这个国家应该矢志在10年之内，完成让人类登陆月球并安然返回地球的目标。"

◎ 目标必须简单具体，让大家可以马上明白，因而铭记在心。不要拐弯抹角，也不要留下任何一点让成员各自诠释的空间。比如杰克·威尔逊在就任美国通用电气公司首席执行官时曾说："成为每个产业中的全球第一或第二。"

◎ 目标必须能够激发热忱，也就是要能激

励人心，让大家不舍得下班回家。激起求胜心是很有效的方法，例如空客在 20 世纪 90 年代的目标就是：“打败波音。”

◎ 目标必须激起对外的求胜心，而不是引发内部竞争。要让所有组织成员了解，必须团结一致去对抗更强大的敌人。内部必须合作，才能在对外的竞争中胜出。

2. 建立并展现团队合作的核心价值——也就是说，应该让成员都乐于和他人合作，以取得伟大的成就。在强调团队合作的好处时，你必须注意避免以下 3 种错误：

◎你可能会促成不当的团队合作。成员可能会开始在各自的单位里进行团队合作，而不是跟公司其他单位合作。你必须明确指出，团队合作的意思是要达成组织上下的合作目标。

◎ 你可能会言行不一。如果成员看见你一方面大力称颂团队合作的好处，一方面又积极和别人竞争，以加强自己单位的实力，他们会怀疑

你不是真心的。如果组织内的高层主管不团结，其他组织成员不团结也就不足为奇了。

◎ 必须特别注意，别让团队合作变成你努力的重点。记住，团队合作是工具，不是目的。要运用团队来达成你的营运目标，在团队和成果之间建立起明确的关联性，并加以维系。时时保持警觉，通过团队合作缔造你理想中的成果，而不只是把它当成公司的例行公事。

3. 创造并使用可以鼓励合作的语言——这点非常重要，因为你所使用的语言会给人很深的印象。如果你一方面要大家合作，一方面又用强烈的语言鼓励激烈竞争，大家会弄不清楚你真正看重的是什么。这其中有一种直接的关联性，就是要促使成员多多合作，就要经常对此加以谈论。如果强调合力缔造成果的必要性，就很容易见到成果。语言是促进合作的绝佳工具。

有个不错的方法可以审视你在合作语言方面的作为，就是好好计算一下你在每次会议中平均花多少时间谈论和鼓励合作。你必须不断提醒自己，如果你持续每天花更多时间谈论合作，大家就会了解你的用心。

在你开始使用工具 1 时，切记团结的概念有可能被滥用。有时在某些情况下，成员会拼命拿共同目标当挡箭牌，希望大家会忽略他们个人的表现。成员也可能进入团队之中，却没有尽心尽力。如果你不注意，谈论合作也可能成为成员不尽本分的借口。

为了避免这些可能的状况，你必须运用个体担责的机制，来平衡团结的机制。就组织的高度而言，你应该运用促进合作的语言，谈论共同目标以及团队合作的好处。接下来则必须通过担责的语言，将这些远大的志向细分成个人的目标和职责。这是避免团结被滥用的最佳办法。

（二）T 形管理

如果你是在重视合作的组织中担任经理人，你就必须熟悉所谓的“T 形管理”。其概念如下

图所示：

组织中各单位合力达成的成果

所属单位独力缔造的成果

◎ 你必须善于在自己的工作岗位上或单位中缔造成果，这也就是T形中垂直的部分。

◎ 与此同时，你还必须通过公司上下的合作缔造成果，这也就是T形中水平的部分。

T形经理人必须为所属单位的绩效负起责任，这点是毋庸置疑的，而这可能会耗去他们绝大部分的时间，不过他们通常还会用大约15％到20％的时间，去推动各式各样的跨单位合作。杰出的经理人必须在这两者的时间分配上取得适当的平衡，才能促成严谨的合作。经理人必须在两方面都有优异表现。

那么，如何将T形管理扩大应用到组织之中？不妨参照以下建议：

1. 调整奖励制度——依据成员个人的绩效再加上其对其他单位的贡献来对之给予奖励。简单来说，如果你建立了T形奖励标准，成员就会改变自己的行为，努力争取更优渥的奖励。许多组织都发现，把奖金额度定在薪水的一半，会收到不错的效果，而其中一半的奖金应该用个人绩效来计算，而另外一半则应该依照员工对合作的贡献来计算。如果你的薪水中有25％要视你的合作成果而定，你会想尽办法更努力合作。

2. 采用T形升迁标准——当作另一种促进合作的奖励措施。如果你提拔愈来愈多展现T形行为的人，大家就会明白自己必须顺应这样的制度，才可以出人头地。

3. 明确跨单位贡献的标准——也就是一体适用的评量指标。要促进合作，就必须运用大家都理解的一致指标，来评量和追踪绩效。

4. 持续搜集跨单位合作的资料——并开诚布公地评量那些资料。如果成员在所属单位和跨单位的绩效都很杰出，就加以拔擢；如果表现不佳，你可以延缓他们的升迁速度，或是删减其奖金。这两种方法都有效，也都能明确表达你的态度。

5. 延揽新的T形经理人才——不要去找那些有如独行侠一般的明星经理人。要引进愿意合作的新人才，聘请真正展现T形行为的经理人。

6. 辅导员工养成T形行为——教导成员如何合作。改变他们的态度，为他们注入新的语汇，使其将团队精神和合作奉为圭臬。除了为他们提供教育机会，还要善用同侪压力。协助成员转型，并妥善加以辅导，使成员能够养成有助于成功进行合作的技能与行为。

7. 必要的话，解聘没有进步的成员——用展现T形行为的人取而代之。如果不能解聘，就积极鼓励没有进步的成员找更适合自己的职位，或者最起码也要主动鼓励不合作的人另谋高就。

（三）经营人脉

第3个可用来克服合作障碍的工具，就是鼓励成员建立“灵活的人脉”。基本上，合作就是靠人脉来运作，人脉也就是成员跳脱所有正式组织层级所形成的非正式工作关系。要促进合作，就要善用现存的非正式人脉关系。

商业界存在许多关于人脉的迷思。其中一些广为流传的迷思包括：

◎ 经营人脉一定是好事——其实不对。有些人花很多时间建立人脉，却忘了重点其实是成果。人脉本身只是一种商业工具，不是目的。

◎ 人脉网络中的人数愈多愈好——这也不对。少数的深厚关系一定比大量的泛泛之交更有助益。

◎ 善于经营人脉的人，社交手腕一定很好——这也是不正确的，其实善于经营人脉的人形形色色都有。

◎ 经营人脉是艺术，不是科学——听起来好像有道理，不过事实证明并非如此，现在已经可以系统地善用各种新兴的第二代社交网络工具来经营人脉。

排除上述迷思之后，就可以把重心转换到：有哪些明智的人脉经营原则可用以促进严谨的合作。人脉会为事业的经营带来两大好处：

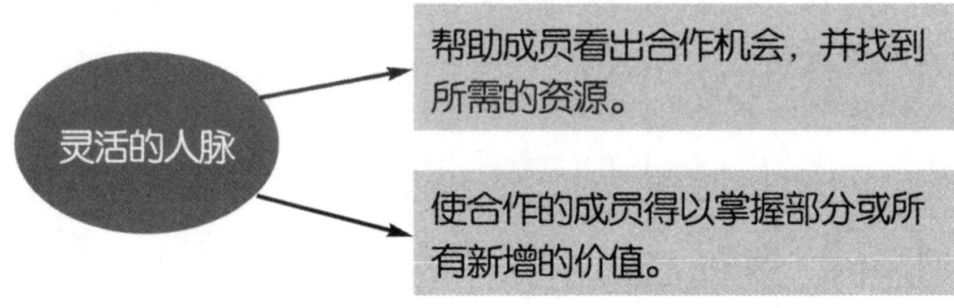

1. 人脉非常有助于成员看出合作机会——因为人脉会促使成员运用工作上的人际关系，取得合作所需的资源。

2. 人脉能帮助成员掌握所有或部分新增的价值——这点显然非常重要。企业必须要展现出合作所带来的获利成果，而人脉正好善于掌握价值。

由于人脉能够带来上述好处，因此可以确实降低 4 种合作障碍。具体来说：

◎人脉会降低排他的倾向。

◎人脉会使成员能够以更开放的态度看待他人的意见。

◎人脉对于成员的搜寻工作非常有助益。

◎大家一向比较乐于协助自己熟识的人。

◎好的人脉可以减少潜在的转移问题。

◎人脉中的人际关系可能会非常有用。

有 6 项人脉法则可用以促进合作，其中前 4 项法则可以帮助成员看出机会，而后 2 项则有助于成员掌握价值。这些法则分别是：

1. 往外经营，不要局限于内部——如果你能尽量和公司外部的对象建立工作上的人际关系，充实你的人脉，那么人脉对你一定更有帮助。要跟公司其他单位以及公司以外的人建立关系，不要只跟你每天一起共事的人来往。

2. 人脉的组成要多元，不要光是追求人

数——因为人数多寡并不重要。人脉成员的专业能力、专业知识和科技知识，最好能和你互补。努力结交能用跟自己不同的角度来克服各种挑战的人脉。

3. 就人脉经营来说，弱联结竟能胜过强联结——认识许多不常联络的人，会好过只认识少数熟稔又时常联系的密友。弱联结对你会有帮助，因为弱联结会形成中介渠道，让你接触到一般无法取得的资源，而强联结使你接触的往往是你已知的领域。此外，维系许多弱联结并不会耗损你的生产力。

4. 要努力开发中介渠道——而不是只接触熟面孔。所谓中介渠道，就是指特别懂得通过个人的人脉，帮其他人找到所需资源的人。他们会和各方建立良好的人际关系，也可以为你建立必要的人际关系。

5. 一定要设法汇聚你人脉的力量——而不是光靠一己之力。换言之，在拜会客户进行提案时，要提及所有你认识并有往来的重要人士。谈及你跟那些重要人士的关系，并运用这些关系强化你的说服力。如果你的人脉很健全，就等于成为许多人的代表，也因此善用了他们的影响力。

6. 知道何时该转换到强联结——因为大多数合作案都一定会有这一天。在进行复杂工作的时候，迟早必须结束表面的事务，开始深入处理核心的细节。如果你继续跟只有粗略了解的对象往来，就会产生问题。你必须把范围缩小到那些能处理细节的人，让他们合力把事情做好。

这里所阐述的重点，就是要建立灵活的商业人脉，纳入懂得合作的人。你偶尔必须停下脚步，好好评估公司运用这 6 项人脉法则的成效如何。要做到这点，可以按照以下 3 个步骤去做：

1. 勾勒出所有的人脉——从全面的观点检视现状。

2. 评量人脉的优劣——用 6 项人脉法则来检视自己的表现。审视所有跨单位的关系，并了解

未来必须鼓励什么样的行为。

3. 针对问题进行改进——找出公司人脉网络中的明显不足之处，并设计明确的解决方案。思考必须采取哪些做法，才能让人脉更灵活并持续茁壮成长，然后努力加以达成。

要在任何组织都能普遍施行严谨的合作，领导者必须言出必行。换言之，领导者如果希望合作的概念能在组织中落地生根，就必须以身作则，采取合作型的领导风格。

合作型的领导风格，主要是指 3 种行为：

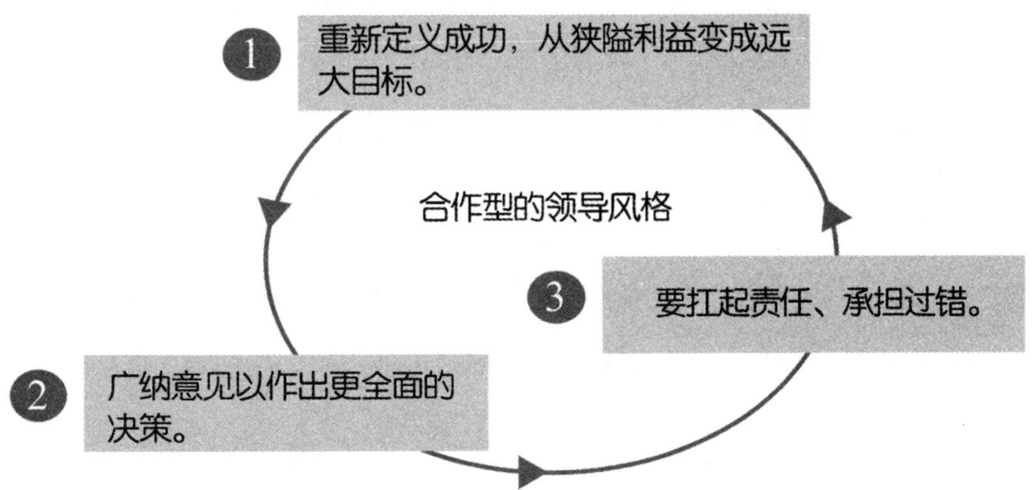

1. 重新定义成功，从狭隘利益变成远大目标。

合作型领导者会努力找到共识，与其用狭隘的个人利益来界定成功，不如寻找可以投入的远大目标。通过这样的方式调整重点，常常能激发非常有用的构想与潜在的解决方案。这些构想和方案可能需要两个单位分别妥协，可是这样的妥协对整体组织是有积极意义的。

关键思维

你可以把狭隘的个人利益视为最重要的事情，也可以把成功重新定义为达成远大目标。首席执行官可以从个人的角度来定义成功，例如优渥薪酬、晋身名流、举世闻名等，也可以把成功重新定义为追求超越个人的远大目标，例如撇开个人利害关系，全力经营公司，并留下自己卸任后仍然能有优异表现的强健组织。

——汉森

2. 广纳意见以作出更全面的决策。

合作型领导人在决策时能广纳雅言，从实务上来说，这表示他们会：

◎ 对他人的看法保持开放态度，并且在做决策时渴望其他人提出意见。

◎ 愿意考量不同观点，并且去理解他人的想法，以及形成那些想法的原因。

◎ 开放讨论，也愿意让其他人畅所欲言，不会反过来加以指责。

关键思维

广纳各方意见以进行决策，会产生一个风险，就是各单位领导者会陷入无休止的讨论，却没有作出结论并采取行动。要避免这样的风险，合作型领导者必须很果断，并作出最终的决定。这个方式和共识不同，共识要求在决策时必须获得所有人的同意。善于广纳意见的合作型领导者决策品质更佳，也更能争取认同。这种方式可以确实考量到不同的观点，并找出思虑不周的地方。

——汉森

3．要扛起责任、承担过错。

当成员投入某种合作的时候，有时会有所保留。由于大家在意的是团队的成果，因此他们会试图借着集体的努力蒙混过关。合作型领导者恰恰相反，他们具备高度的责任感。他们尽责的方式是：

◎ 把团队成果视为己任，甚至会明定评量标准，用以追踪并评断合作的整体表现。

◎ 要求其他人也担起缔造成果的责任。

关键思维

让自己和他人负起责任的合作型领导者，会投入几项关键事务。他们会详细说明自己的责任为何，例如要达成哪些目标、尽到哪些职责。如果你不知道自己的责任为何，就不可能让自己和他人负起责任。合作型领导者还会一肩扛下过错

和绩效不彰的责任，不论环境是否有利，也不论别人是否损害了合作的努力。

——汉森

合作型领导风格的效力十分强大，因此大家自然会产生这样的疑问："我们为什么不常看到这样的领导风格?"我们可以将原因随便归咎于各种因素，但事实上，你必须克服几项个人障碍，才能落实合作型领导风格：

◎ 对权力的渴望——如果你一心想让其他人以你为尊，那么你就很难广纳各方意见，也不太会愿意把成功重新定义为更远大的目标。

◎ 自负——如果你真的认为自己是公司里最聪明的人，那么你就不太可能去征询别人的意见。

◎ 防卫心态——倘若你不喜欢直接的批评，就永远不可能敞开心胸，因为你可能必须承认自己错了。

◎ 恐惧——假如你觉得决策是有针对性的，

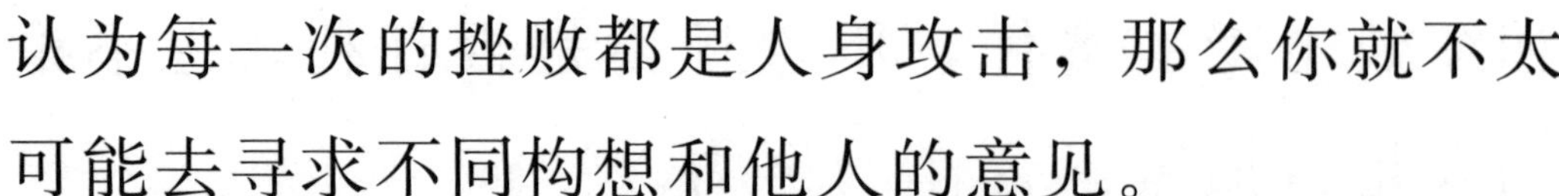
认为每一次的挫败都是人身攻击，那么你就不太可能去寻求不同构想和他人的意见。

◎ 自尊心——如果你一心想要成为佼佼者，那么你就不能忍受任何有损那种形象的事情。

关键思维

不同障碍需要不同的解决方案，没有任何解决方案可以一体适用。比方说，安装信息系统有助于搜寻，却无法减少藏私的行为。严谨的合作需要先评量目前有哪些障碍，然后为这些障碍量身打造解决方案。也就是说，领导人在选择方法组合以实行严谨的合作时，必须小心谨慎，所选的方案必须符合其所要解决的特定状况。

克服障碍的第 1 步，就是要正确评估眼前有哪些障碍。第 2 步则是要针对各项障碍，量身打造解决方案。采取严谨合作的领导者，会针对障碍挑选对应的解决之道。用不适当的解决方案来减少障碍，是在浪费资源。问题是，公司面临的

障碍，不一定显而易见。许多经理人的出发点就错了，一开始就认定问题是什么，然后就针对自以为是的问题去拟订解决办法。

合作不力比不合作更糟。成员会为了协调工作和交换想法，在一个又一个会议之间奔忙，可是实际的成果却有限；公司里不同单位的员工会为了共同专案中的责任归属争论不休，使内斗耗去大部分的工作时间。在时局大好之时，这种工作方式十分糟糕：不仅浪费资源，还会使优秀人才离去。而在时局艰难的时候，譬如面临危机之际，这更是完全不负责任的行为，因为能否合作在此时攸关公司的存亡。根本问题是：适当的合作和不当的合作之间究竟有何差异？过去15年来，我一直都在寻找这个问题的答案，并全心探讨企业内部的合作议题。经过这漫长而获益良多的过程，我终于了解到适当的合作与不当的合作之间的差异何在，完成了这幅拼图。

通过合作进行的创新、销售和营运改良能创

造多少价值，会因企业而异。领导人必须严谨评估合作的潜在效益，而其中一个方法是审视公司上下，然后问：“假如我们能成功合作，在公司内推动以合作为导向的创新、销售和营运，可能创造多少价值?”通过这样的快速评估，大家就会对潜在效益达成共识。但是，采取这样概略性的评估，会忽略公司内的差异性。领导者一不小心就会被合作的想法牵着鼻子走，以为这样可以获得很多好处，而事实可能并非如此。过与不及，都会造成不严谨的合作，显示领导者没有审慎拿捏合作的机会。

严谨的合作有助于避免一种最严重的不当合作行为：在促成公司上下合作的过程中，领导者有时会独揽决策权，而资讯都流向只由少数经理人领导的金字塔组织顶端，造成以合作之名削弱分权的情况。这种做法带有鱼与熊掌不可兼得的意味，也就是说分权的好处和合作的好处只能二选一。严谨的合作拒绝这样的妥协。组织可以两者兼得，既享有

分权的绩效，又享有团队合作的绩效。

严谨合作就是在合作的同时还可以让组织内各单位通过各自努力缔造最理想的成果。这样可以保有分权的好处，让成员有空间去“掌握”一部分工作、担起成败责任、贴近顾客，并因成果获得奖励。不过，领导人必须运用合作的“覆盖行为”效果，让分权的管理方式更加完备（而不是加以取代），当组织上下能够审慎选择合作案时，就会产生这样的效果。成员不需要高层指示他们该如何合作、在哪些方面合作，就能够自己看见机会，知道何时该合作（以及何时不该合作），并愿意去执行所选择的合作案。此时他们展现的，就是严谨的合作。

拥抱严谨合作观念的企业、非营利组织和政府机构的表现会优于只采取分权方式的组织，因为严谨合作结合了个别单位的成果，以及合作所达成的成果。这样的表现是难以匹敌的。

建立 T 形管理会彻底改变“人才争夺战”的

态势。其目的并非要吸引或培养明星人才，那不是重点。人才争夺战不应该是去延揽各种明星人才，而是要延揽T形人才。

解决方案不是要促进大家合作，而是要让合适的人选择合适的案子进行合作。

这些个人的障碍可能深植于某些领导者的个性之中，因此很难改变，但是在其他人身上是可以改变的。降低这些个人障碍，会让更多领导者采取合作型的领导风格。

合作已经成为美国、欧洲和亚洲大型跨国企业的优先要务，我亲眼目睹了这一重要趋势。随着企业规模日益扩大、营运日益复杂、效率日益提升，企业变得更加全球化、更加分权，也更愿意和其他伙伴携手共事，合作将会持续成为关注的焦点，而这一切都需要严谨的合作。在经济不景气之际，领导者会努力通过合作使现有资产能够创造出更多价值，对于合作的重视也会持续不坠。

——汉森

见招拆招 101

时时演练,谈判必胜

The Negotiating Guide You'll Ever Need

101 Ways to Win Every Time in Any Situation

原著作者简介

彼得·斯塔克（Peter Stark），创办彼得·巴伦·斯塔克公司并担任总裁一职，该公司致力于人力发展和培训。斯塔克是位杰出的演讲家、作家，并为横跨多领域的企业提供咨询服务，著有《杰出领导人》、《终生领导》及《谈判协商》等书。

简·费莱厄蒂（Jane Flaherty），彼得·巴伦·斯塔克公司资深顾问及培训师。

本文编译：庄靖

主要内容

追求双赢，共创美好的事业与生活

你的职业生涯以及个人生涯，随时都会受谈判协商结果的影响。其实大部分人每天在工作时，都会耗费大半的时间在各种谈判上，因此学会如何成功谈判，达到双赢，无疑是明智之举。

好的谈判最终能够加强而非破坏人与人之间的沟通，有了这样的想法之后，便应设法让谈判获得好结果。

如何成为更好的谈判者

1. 了解每次谈判协商可能会得到的4种结果。
2. 学习时间、信息和影响力之间的关系。
3. 提出能发觉需要的问题。
4. 学习聆听的技巧（能找出语言与非语言的线索）。
5. 学习如何在谈判时建立信任。
6. 了解不同的谈判策略风格。
7. 每次谈判都预做完善的准备。

关键思维

杰出的成就一定源自杰出的准备工作。

——萧律伯，美国著名布道家

风与浪永远站在最有能力的水手这边。

——吉朋，英国史学家，著有《罗马帝国兴衰史》

一　了解每次谈判协商可能会得到的4种结果

在逻辑上，谈判只可能得出下列4种结果：

1. 双输——谈判双方都未达到目标。

2. 有输有赢——一方很满意，另一方则否。

3. 双赢——双方都很满意。

4. 没有结果——没有正面或负面的结果。

不论参与哪一场谈判，双方都该竭尽所能，创造双赢的局面。

当谈判双方以较低的代价换得各自极度重视的成果时，这就是所谓的“双赢”。通常，达成“双赢”的两方虽然希望能更有斩获，但也对达成的协议感到满意。想知道双方是否达到“双赢”，关键就在于未来协商双方是否愿意再开谈判大门。

以下是一些获得更多“双赢”结果的做法：

1. 避免只限于单一议题的谈判——只考虑单一层面，可能无法达到“双赢”的局面。在实际情况下，不该只把“价格”当作成功与否的标准，也该考量送货时间、筹措资金、训练、支援、保证期、赔偿以及其他附属产品和服务等。放在谈判桌上的项目愈多，达到“双赢”结果的几率也愈大。

2. 了解谈判对手和自己各有不同的需求与偏好——谈判时，不要抱着只赢不输的心态，而该努力达成对双方都有利的交易，让自己和谈判对手分别追求各自的目标。

3. 绝不自作聪明，以为自己了解对手的需求——而是抱持探索精神，展开协商。把谈判视为发掘对手表面上未言明需求的机会，然后共同努力找出满足需求的方式。要更了解对手的需要，必须先拟妥问题，并且仔细聆听答案。

圆满协商谈判的101招
❶ 有人对你说：“这就是你所提的最佳条件吗？”
回答:“在此条件模式下，这是我们最好的提议，但还有别的提议……”
❷ 对手在谈判过程中引述专家意见。
引用另一位不同意引述观点的专家意见。
❸ 对方说:“你开价一个6000美元，但若两个10000美元我就买。”
问对方为什么喊价10000美元，并提出较廉价的商品。
❹ 对方提出漫无边际的问题。
把问题具体化，重新措辞，改为可以用“是”与“否”作答的问题。
❺ 对方一开始就要你在价格上让步。
只同意微幅让步，不要一下就让对方达到要求。
❻ 对方指出提案的正反两面。
不要毫无异议地接纳，应该亲自验证事实。
❼ 对方要求区别两个不同提案的差异。
先提出较高价一案的说明。
❽ 在洽谈过程中，潜在买主一句话也没说。
提出可以让对方发表意见的开放性问题，促进对话。
❾ 对方说“不”，但没进一步说明。
问他们愿不愿意考虑另一项选择。
❿ 对方说：“老天爷！你一定在开玩笑。”
不要让步，问对方为什么会如此惊讶。
⓫ 对方提出要请示老板的意见。
先发制人，问对方是否有权作主。

续表

圆满协商谈判的101招
⑫ 对方一人扮黑脸，一人扮白脸。
自己也带个帮手，以牙还牙。
⑬ 对方说："这个条件不够好。"
提出开放性问题，让对方发表意见，了解他们究竟要什么。
⑭ 对方引述不实的事实和数字。
质疑事实的真伪，或者自行引述事实、例证。

关键思维

让我们不要因恐惧而谈判，而该永远不畏谈判。

——肯尼迪，美国第35任总统

当人们在有意改变关系的前提下交换意见，或为求意见一致而协商时，这就是谈判了。

——尼瑞伯格，《谈判的艺术》作者

人之所以谈判，不是为了加强或破坏关系，而是为了要达成新的或不同的组合条件。

——恩特曼，圣地亚哥大学管理学教授

不论何时，大多数人都会面对某种形式的谈

判。我们应把谈判视为建构沟通渠道的积极途径。

——斯塔克　费莱厄蒂

人生真正的赢家，不论面对任何情况，都期待能顺势而为，或逆势扭转。

——芭芭拉·普莱契尔，美国女性销售人员专业协会执行总监

谈判需要合作，而非对立的竞争；在优质的谈判中，人人都会有所得。

——尼瑞伯格

身为谈判者，你有义务协助对手成为赢家。

——斯塔克　费莱厄蒂

二　学习时间、资讯和影响力之间的关系

谈判必备的3大要素就是：

◎时间——谈判举行的时期。

◎资讯——愈多愈好。

◎影响力——以各种形式呈现。

若能分析并了解这些要素间的关系，就能在谈判时获得较好的结果。

让我们一一分析这3大要素：

1. 时间。

任何谈判协商，最重要且必要的步骤，就是会前准备和资讯搜集。大部分的谈判都要经过持续的会议讨论，少有仅靠一次见面就可搞定的，会面次数得视谈判情况而定。时间压力和完成期限通常会对某一方较为有利，此时若要让时间变得对自己有利，可以运用下列几种

方法：

◎有耐心，随时准备等待最佳时机。

◎坚持下去，不要在初步尝试之后就放弃。

◎如果有必要，要乐于迅速行动。

◎永远记住，期限是可以被改变的。

◎了解对手的时间要求。

◎让每一次谈判都依自己独特的步调进行。

在大部分谈判中，80％的结果都是在最后20％的时间里达成的。这表示，在谈判的大部分时间里，你都该保持冷静稳健，静待最佳时机。大多数谈判新手都很难办到这一点，特别是在期限进逼之际。相较之下，经验丰富的谈判者就明白，一切都可以协商，即使是早已定下时限亦然。运用这样的认知维护自己的优势，否则就会让对手有机可乘。

2. 资讯。

谈判时，获得资讯愈多的一方就愈有利，这是谈判的基本原则。要善用这样的优势，就必须在谈判伊始尽量搜集资讯。若等到和对方面对面时，你才知道需要什么资讯，就丧失了竞争优势。早早开始搜寻所需资讯以应谈判之需，要知道，资讯是永远不嫌多的。

3. 影响力。

影响力就是左右谈判结果的能力。影响力没有好坏之论，唯有滥用时才会出现问题。影响力可能有好几种来源，比如自己在组织中的地位、在某个领域的杰出专业技巧或个人魅力。大部分人拥有的影响力，远比他们所知或真正发挥出来的多。

谈判时，可以运用以下几种影响力助自己一臂之力：

◎记住，谈判时，影响力的大小很少出现一面倒的情形，大多是势均力敌，因此在谈判时，要对自己能发挥多少影响力有信心。

◎谈判双方对能产生多少影响力的认知远比实际能发挥的力量更重要，因此不妨善用暗示所

能发挥的力量。

◎不去尝试就永远不知道会产生什么结果。因此不必担心和有权力的人直接打交道，说不定他们已经准备配合你。尝试，非但不会造成伤害，一旦成功，还有极大的好处。

◎谈判双方影响力的大小在不同条件下时消时长，永远不要以为过去的权力关系会永远不变。

◎除非放手尝试，否则你永远不知道自己拥有多大的影响力。你拥有的影响力很可能比你自以为的还多，不过要小心，别滥用。

圆满协商谈判的101招
⑮ 对手一再要求你让步。
每次让步都要争取相对的报偿。
⑯ 对手迟迟不愿表态。
下最后通牒，并准备实行。
⑰ 对方可能要求你施予小惠。
只要你能获得相对的报酬，不妨答应。
⑱ 你或许得说明谈判的基本规则。
只要这些规则有助于谈判，即可照办。

续表

圆满协商谈判的101招
⑲ 谈判目标不断转换。
如果无法达成最初的目标，即可改变目标。
⑳ 对方想把最棘手的问题放到最后再讨论。
先谈最棘手的问题，其他问题才容易安排。
㉑ 即使只有一个问题，也必然会成为谈判的障碍。
早早就把谈判中最困难的问题点提出来讨论。
㉒ 对方希望若达不到数量目标，就要有罚则。
立刻否决，或者同意把双赢的计划分为不同的等级，分别讨论。
㉓ 对方可能不肯说出真正的障碍。
不断提出各种选择，继续推动协商。
㉔ 对方不断推销如延长保修期等的附加要求。
这时就问对方，如果产品够好，又何必要求附加服务。
㉕ 对方不断提起过去的问题。
提议着眼未来，对双方都更有好处。
㉖ 对方承认过去没能尊重承诺的错误。
提出罚则，万一未来同样的情况再发生时，即可采用。
㉗ 对方不愿承诺，只是不断提出更多问题。
提出可以厘清谈判对手意图的明确问题。
㉘ 对方在谈判中出言不逊。
别理会对方的虚张声势，回归事实。

三　提出能发掘需要的问题

创造双赢的关键，就是要知道并了解对手的动机和意图。要找出答案，就必须提出好问题，并且设身处地地聆听对方的答案。

谈判时，提出的问题愈多，对己方就愈有利。问问题的方式和问题的内容一样重要。

要拟出好问题，就必须注意下列事项：

1. 心里必须有确定的目标——最好依逻辑顺序排列。这能帮助自己掌控对话，引导讨论转向切合实际的结论，而不会浪费时间。

2. 了解对手的偏好并投其所好——比如对方是喜欢实事求是（以任务为导向）还是要求先建立关系（以关系为导向）？

3. 先提出广泛的问题，再慢慢缩小范围——由广泛的问题逐步缩小范围，不要一开始就投入细节。

4. 要掌握时机——也就是对对手现阶段的各项生活及事业的细节必须很敏感。比如，某人在节食时，你若问对方爱吃什么甜点，这恐怕就不容易建立良好关系。

5. 依对方先前的答案，逐步架构并扩展新的问题——澄清先前所谈的内容。你拥有的资讯愈多，就愈能缩小目标范围、切中问题核心、找出所需资料。

6. 要彬彬有礼——请对方容许你发问。一旦对方同意你发言时，往往也比较愿意多谈，因为你已经展现了对他们的尊重。

7. 不要忘记聆听对方的答案——在对方思索、准备作答的时候，不要害怕保持沉默。有些谈判新手只知忙着构思下一个问题，反而没有听到前一个问题的答案。放轻松，不必认定自己一定得填满每段沉默时刻。

8. 记笔记——记下足够多的细节，以便稍

后可以概述协议内容。记笔记表示你重视对方所说的内容，也显得专业。

杰出的谈判者擅长提出好问题，在谈判中，他们总会提出许多问题，以便做到下列几件事：

◎获得资讯。

◎澄清先前洽谈的内容。

◎核对自己是否完全了解对方的意思。

◎确定双方投入的程度和兴趣所在。

◎确定对方的行事风格。

◎鼓励对方参与。

◎以有趣的方式表达事例和数字。

◎鼓励深入思考。

◎促使对方回到眼前的主题。

◎概述协议的内容。

◎刺激大家想出新点子。

◎减少紧张的情绪。

◎建立和谐的关系。

圆满协商谈判的101招
㉙ 对方提出不合理的要求。
问对方：“如果你是我，会如何回应？”
㉚ 对方觉得你不明白他们的问题或痛苦。
把焦点放在他们的情绪上，接受他们的情绪，继续协商。
㉛ 当对方不断谈到先前的难题时。
就问：“在所有方法中，哪个最好？”
㉜ 对方一再偏离正题。
认可对方的意见，但强调重点该放在未来。
㉝ “我考虑一下再告诉你。”
“你要确切考虑的是什么事？”
㉞ 对方对谈判结果似乎漠不关心。
提醒对方万一没有完成协商，会有什么后果。
㉟ 双方很难由平等的起点开始谈判。
提出己方可以接受的提案，由此开始。
㊱ 对方不愿先提出条件。
预先做功课，提出你认为合理的条件。
㊲ 对方认为只有一种解决办法。
针对你的目标，至少提出3种方案。
㊳ 对方必须设定最后决定期限。
先签约，稍后再执行。
㊴ 对方说：“不接受，就破局。”
任对方虚张声势，或不予理会，继续谈判。
㊵ 对方放出风向球——放出很低的最初条件。
告诉他们“这个条件不行”，并且提出事实证明。

续表

圆满协商谈判的101招
㊶ “如果我们今天就签约，你们能不能……”
只能同意符合己方最佳长期利益的条件。
㊷ 对方觉得被出卖了，或有“受伤”的感觉时。
澄清问题所在，并设身处地地为对方着想。

关键思维

由人的答案，就可以判断他是否聪明；由人的问题，就可以判断他是否睿智。

——纳吉布·马哈富兹，1988年诺贝尔文学奖得主

四　学习聆听的技巧
（能找出语言与非语言的线索）

最佳的谈判者永远是最佳的听众。他们能找出其他人所忽视的语言或非语言线索。他们也会不断彻底探索语言背后的意义。

有效率的谈判者靠着聆听所获得的成果，远比靠说话要来得更多。然而，做个好听众并不容易，不但要集中注意力，还得运用互动的聆听技巧：

◎集中注意力的聆听技巧，是为了找出对手要传达的真正信息。这包括要注意对方说话时的身体语言、避免打断他们、避免就他们所说的内容针对他们个人做出反应等。集中注意力的聆听技巧是用来接收对方传达的信息。

◎互动的聆听技巧，可以帮助你接受对方的感受，激发出更多讨论。通常包括下列几种做法：

· 提出后续问题，澄清所听到的信息。

· 重复对方提出的事证，印证是否真确。

· 以经过考虑的反应向对方传达同理心。

有技巧的听众往往会养成用自己的语言重述对方论述的习惯，以印证自己听到的内容。如果能用客观的语汇（比如：“听起来像是……”“我觉得你的意思是……”或“如果我没有误会，你是在建议……”），就能鼓励对方展开更进一步的沟通。优秀的听众也会更进一步了解接下来的对话该朝什么方向进行，才能达到预期的结果。

然而研究显示，在面对面的谈判中，高达九成的重要沟通信息是通过“非语言”渠道传递的。据估计，在一般 30 分钟的谈判中，谈判双方往返会传递超过 800 个不同的“非语言”信息。

谈判时，应该注意的“非语言”信号包括下列几种：

◎眼神不敢接触——显示说话者有所隐瞒。

◎头微倾向一方——意味对方仔细聆听，想要掌握你所说的每项信息。

◎身体倾向你——意味对方喜欢你所说的内容，且同意你的说法。

◎手臂摆放的位置——两臂张开表示接受，两臂交叉则是负面的反应。

◎双手的姿态——两手摊开表示同意，绞扭双手表示忧虑，两手在头后方交握表示高人一等，双手十指轻触则传达出想要掌控谈判的信息。

◎双腿的位置——双腿交叉表示你可能会得到“不”的答案，双腿平放则是传达开放、正面的信号。

“非语言”线索之所以这么重要，是因为我们总是在下意识中传达出这样的线索。对方可能嘴上说的是一回事，但如果他们的身体语言传达出截然不同的信息，那么你就可以肯定，“非语言”的线索远比言辞更能说明对方心中真正的想法。谈判专家总是会运用“身体扫描”，不断观察对手的脸、头、身体、手臂、双手和双腿所传递的信号，并且据此改变谈判策略。

圆满协商谈判的101招
㊸ 对方请来中间人当“裁判”。
确定这位中间人是否够公正，并了解他们花了多少费用。
㊹ 对方提出过分要求，并且威胁采取法律行动。
保持公平，但如果对方得寸进尺，就收回原先已经同意的条件。
㊺ 对方非常坚持——并一再提出相同的条件。
指出因为对方的坚持，所以要除去部分条件。
㊻ 自己无法突破决策者的助理或秘书。
找出可以安排和决策者会面的中间人。
㊼ 对方拖延时间希望能让你作出更多让步。
保持耐心，找出不同的沟通渠道。
㊽ 对方询问你是否有独自作主的权力。
向对方解释你一定会让其他人复查自己所谈的交易条件。
㊾ 对方紧咬某项特定议题不放。
为了达到更大的目标，愿意对这点有所让步。
㊿ 对方表示你的竞争对手价格更低廉。
说明价格高，是因为你能做得好。
51 对方口头上作出各种让步。
确定白纸黑字写下的是双方同意的内容。
52 他们开出令人匪夷所思的价格。
直截了当告诉对方：“这是行不通的。”请继续谈判。
53 对方似乎不在意谈不谈得出成果。
让他们虚张声势，不必理会——你反而可以占得上风。
54 对方无法断然告诉你“不”。
让他们提出其他附带条件。

续表

圆满协商谈判的101招
(55) 对方目前不想协商。
提出他们无法拒绝的额外条件。
(56) 对方运用“免费试用期”的手法，让你心动。
让第三方介入（因为没情感负担）为你谈判。

五　学习如何在谈判时建立信任

除非你能让对手相信你，否则谈判就不会有结果。唯有在对手相信你会真心诚意并且以可靠的方式和他们交易时，才有可能达成“双赢”的局面。

人们常说，要赢得信任，行动胜过言语。谈判时若要和对手建立信任的关系，就必须做到以下几件事：

1. 展现你的能力——你既拥有专业技术，也愿意达成协议中承诺的所有事项。

2. 能够真诚地表达——其他形式的身体语言才会符合并印证你说的话。

3. 注意外表——穿着打扮会显示你的专业程度。

4. 持续表达善意——谈判过程中难免会有错误或发生意外，这样做能让对手提升他的容忍程度。

5. 承诺会持续追踪后续发展，并且说到做到——只要你信守承诺，就能增加对方对你的信任。

6. 超越一般的关系——尽量采取行动，让对方视你为合作伙伴，而非仅是卖方。

7. 以开放的态度聆听对手的意见——想想自己能采取哪些行动满足对方的喜好。如果你能在表达意见之前，先听完对手的说法，也会有极大的助益。

8. 尽量沟通——说得愈多，对方愈信任你。

9. 准备面对难以启齿的事项——对有些难以启齿的事，你该保持开放的态度。

10. 提供足够多的正确资讯才能作出好决策——这也省得你私下还得搞些小动作。

11. 要诚实以对，即使你会因此付出一些代价——例如当对手在计算数字或条件时犯了错。

12. 要有耐心——建立信任并非一蹴而就，

需要花点时间和努力。

13. 要时时查证，确保公平——如果你希望建立长久的业务关系，必须确保对手也受到公平的对待。

14. 保持宽大为怀而非斤斤计较的心态——双方能携手共创更大的市场，而非争论该如何瓜分现有市场。

15. 愿意在深思熟虑后冒险——这表示你对协议的未来有信心。比如你同意降低初步的报酬，但提高长期的报酬，以表示你的信念。

16. 让对方获得正反两面的信息——而非只是对自己有利的信息。

17. 承认自己并非十项全能——不要在谈判过程中虚张声势，对方反而会欣赏你的坦白诚实。

18. 要知道对方的意见和立场可能会在谈判过程中转变——你该有弹性，也该对此包容接纳。

圆满协商谈判的101招
(57) 对方提出某项条件向你挑战——比如预算有所限制。
要了解你若接受这样的条件，会有什么后果。
(58) 对方引用不正确的“事证”。
在“事证”未获澄清前，不再作出任何让步。
(59) 对方威胁要聘请律师或提出申诉。
强调可以让未来更顺利的较佳做法。
(60) 你投资太多时间在这项谈判上，因此备感压力。
坚持事实，不理会情感上的压力。
(61) 对方说：“我有个问题，需要你协助。”
设身处地地为对方着想，找出“双赢”的方法。
(62) 他们用难以理解的言辞。
运用因果转述，“如果我……你愿不愿意……”
(63) 对方不肯说明手中握有的信息。
不要以为对方是傻瓜，你该只做对双方都有利的交易。
(64) 对方要求你谅解，而非要你容许。
事先预做防范，维持双方关系。
(65) 对方压迫你迅速作出决定。
花点时间用逻辑而非情感彻底厘清事情。
(66) 他们提出你未曾考虑过的“双赢”做法。
在作决定之前，一定要分析正反两面。
(67) 对方把重大的让步分割为数个较小的提案，各个击破。
指出自己已经作了一些让步。
(68) 对方依一般标准定价。
确定对方的信息是否正确，若“否”，则提出不同的资料。
(69) “我们从未用这样的方式做过。”
“所以这样做会付出什么样的成本？”
(70) 对方亮出策略性的退出谈判底牌。
回应他们的虚张声势，并表示自己也愿意放弃谈判。

六　了解不同的谈判策略风格

谈判者想有所收获，除了要有积极的正面态度、充分的主题知识和对谈判过程的了解之外，也必须了解对手的谈判风格和偏好。

一般说来，谈判风格可分为下列 4 种类型：

1. 友善型——重点在建立关系。

2. 实事求是型——以盈亏结果为重。

3. 分析型——喜欢按逻辑方法探索一切选择。

4. 混合型——没有特殊偏好。

经验丰富的谈判者想要有效地和具有上述 4 种谈判风格的谈判者沟通，会以下列不同的谈判层面为沟通重点：

1. 友善型。

◎表现你真正尊重和关切对方的感受。

◎要有耐心、放轻松，乐于先建立和谐的关系。

◎不做任何无法让对方信任的事。

◎询问对方的意见和感受。

◎绝对不说："这不是针对个人。"

◎让对方在同意条件之前多想想。

◎永远保持正面的态度，把重点放在创造结果上。

2. 实事求是型。

◎确定你的底线，准备事证和数据。

◎绝不谈及你个人的情绪。

◎要直接、专注、简明。

◎提出问题，而不是试着告诉他们事实。

◎不要把任何事物当成是针对个人——要公事公办！

◎迅速说明自己的意见。

◎增强自信，以争取对方的尊重。

◎创造"双赢"的结果。

◎在答应任何条件之前，都该要求对方要有所回报。

3. 分析型。

◎彻底做好准备，并且提出正确的事证。

◎讨论内容时强调事实，并且着重在业务上。

◎要有耐心——你可能得重复好几遍。

◎证明你的建议合乎逻辑。

◎不要因对方漠然的反应而发怒。

◎让对方谨慎小心地进行谈判过程。

◎认可他们对组织和逻辑的需要。

◎保持诚实，并且有高标准的原则。

◎不急迫，让对方吸收理解他们所需要的“事证”。

◎尊重他们有了解细节的需要。

◎完整回答他们的提问，并提供资料佐证。

◎能以同样注意细节的态度讨论正反两面。

4. 混合型。

◎在谈判前，花点时间和对方建立个人关系。

◎确定所有的谈判重点都清楚明白。

◎保持气氛轻松幽默。

◎把重点放在尽可能提出更多的选择上。

◎随时准备接受新奇的方法。

◎争取对方也投入支持。

如果你未预做准备，不了解对方偏好的是哪一类型谈判风格，就贸然行事，那么谈判过程中就该注意指引你识别对方谈判风格的线索，这些线索包括：

◎整体的观察——他们办公室里有什么样的陈设、整齐清洁的程度等。“友善型”和“混合型”谈判者的办公室里，往往混杂着私人物品，“实事求是型”谈判者的办公室里则会有过去的战利品。

◎聆听——对手所提问题的种类。“实事求是型”谈判者希望直指议题的核心，而“分析型”谈判者则会希望一步一步分解，“友善型”谈判者对个人事物比较有兴趣，“混合型”谈判者会开玩笑。

◎提出聪明的问题——比如：“我们有60页的相关报道支持我们的立场，你想读一下吗？”

圆满协商谈判的101招
71 对方实际上是要放弃购买条件。
表示己方不受影响，依旧维持原来的条件。
72 对方提出高或低的离谱的条件。
提出你原先开价的事实根据，继续谈判。
73 卖方把售价拆为几年内每日只须付几块钱。
做好功课，确定真正的价格是多少。
74 对方针对已经谈妥的交易，不断增加附带条件。
表示你提出的条件只有24小时的效力，若不接受，交易就破局。
75 对手提出两项选择，告诉你：“决定权在你。”
你可以两样都不接受，展开谈判。
76 对方欣然接受你第一次提出的条件或价格。
告诉对方，你得先获得某人的同意。
77 对方小题大做。
表达你愿意另找合作对象。
78 对方愿意让步，前提是你得降价。
坚持你的价格是底价，不容杀价。
79 对方有标准合约，一定要依此签约。
质疑所谓的“标准”合约能否适用此项交易。
80 对方表示未来会回馈你。
不要指望对方的允诺。
81 对方出现荒谬的举止。
恭维他们的热情。
82 “你要付现还是刷卡？”
记住，价格远比付款方式重要。
83 对方说他们竞争对手的坏话。
探究对方所说的是否有事实依据。
84 对方询问你是否愿意为“完美的解决方案”付更高的价格?
“如果我们出不起这个高的价码，你会推荐什么样的替代方案？”

七　每次谈判都预做完善的准备

要在谈判时获得可观的成果，就得预先做好功课。你拥有的资讯愈多，即使最后并没有完全派上用场，成功的几率仍然较其他人大。真正的挑战在于，你得避免为了贪图省事而草率行动、又不肯用心预做准备的情况。

要准备好谈判，你得先分析下列几件事：

◎最有可能讨论的议题。

◎你想达成良好的协商，必须要有充足的数据和事证，而这些资讯是由谁提供？

◎你和谈判对手都了解哪些事证？你认为他们已经有哪些资讯？

◎从你的观点来看，哪些事项可谈，哪些不行？

◎你认为哪些事物可能符合谈判对象的需

要、兴趣和偏好？

◎对方是以个人还是团队的形式和你谈判？

◎他们喜爱哪种谈判风格：友善型、实事求是型、分析型，还是混合型？

◎能创造“双赢”结局的所有选择。

◎就你的观点，什么是协商的最佳成果、最有可能的结果和你的底线。

◎你在谈判中想要用的策略和战术。

◎如果不能达成协议，那么你期待什么样的替代方案？

◎你是否该有书面的议程？

◎谈判会在什么地方进行？

◎该如何打破僵局？

基本上，若你在谈判之前，预先考虑议题的正反两面，就能大幅提升成功的机会。专业的谈判者会随时做好成功的准备，他们会针对议题预先进行彻底研究，知道议程该如何推进。若你也想加入他们的行列，就必须遵循相同的习惯和模式。

圆满协商谈判的101招
(85)如果做不成这项交易，你一定会后悔。
不予理会，或找出互退一步的方法。
(86)对方使劲灌迷汤。
说明你在做决定时，不吃这一套。
(87)对方定了不切实际的时限。
询问对方为什么定出这样的时限，并且不予理会。
(88)对方的作为破坏了长期的关系。
提醒他们双方关系的重要性。
(89)对方在谈判时派出大队人马。
要求延后，以便多做一点准备。
(90)对方让你在谈判时耗费大量精力和时间。
要保持一旦交易条件不佳时退出的能力。
(91)对方说，若你现在不买，就会错过一辈子的良机。
告诉他们，你愿意碰碰运气。
(92)对方威胁未来不会有这么好的条件。
寻找可以让步的交换条件，或是不予理会。
(93)对方努力和你建立和谐关系。
谢谢他们，但实事求是，回归正题。
(94)对方的要求超过极限。
如果交易很重要，你只得承受，以便继续协商。
(95)对方一开始开出低价，测试行情。
要求他们提出可以支持他们价码的数据资料。
(96)对方认为你的服务价格太高。
提出新客户试用折扣价，或是强调你收费高昂的价值。
(97)对方勒索你。
公开他们握有的咨询，让他们弃甲投降。

续表

圆满协商谈判的101招
98 对方向你施压，要你接受某项交易。
毫不退缩，以牙还牙。
99 对方引用太多事证，让你头晕脑涨。
解读证据，找出真相。
100 对方明确表示对你的利益毫无兴趣。
指出那无关紧要，坚持议程内容。
101 对方对谈判的结果抱持乐观的看法。
尽你所能确定能获得“双赢”结果。